PAUL TOURNIER
SICH DURCHSETZEN ODER NACHGEBEN?

PAUL TOURNIER

Sich durchsetzen oder nachgeben?

HUMATA VERLAG HAROLD S. BLUME

Auslieferung an den Buchhandel
durch die Humata-Generaldepositäre

Deutschland
Humata-Auslieferung
Grossbuchhandlung Schwabe, 6380 Bad Homburg, Fach 1645

Österreich
Humata-Auslieferung, Bergstr. 16, 5020 Salzburg

Schweiz und alle andern Länder
Humata-Auslieferung CH-3000 Bern 6, Fach 74

*Verlangen Sie den grossen illustrierten
Humata-Verlagskatalog bei Ihrem Fachhändler
oder beim Verlag*

SICH DURCHSETZEN ODER NACHGEBEN?
Vierte Auflage

ISBN 3-7197-0363-0
Interner Verlagscode 8-363-42-7
© Humata Verlag Harold S. Blume, Bern
Aus dem Französischen übersetzt von Emilie Hoffmann
Titel der Originalausgabe: Tenir tête ou céder
Jegliche Reproduktion, ohne schriftliche Genehmigung
seitens des Verlags, verboten

INHALT

I

Die Welt mit ihren Problemen
und die Kirche

Während des Krieges befand sich ein junger deutscher Theologe, Dr. Eberhard Müller, als Feldprediger bei den Soldaten in der unendlichen Weite Rußlands. Seine Gedanken waren mit der Zukunft beschäftigt; denn er sah wohl voraus, daß dieses sinnlose Abenteuer des Dritten Reichs in einer Katastrophe enden würde. Was aber dann? Wer würde die Ruinen wieder aufrichten? Und was konnte er selbst für sein Land tun? Es ging ihm nicht so sehr um das politische oder militärische Schicksal dieses Landes, sondern um seine moralische Stellung: Sein Volk war durch die nationalsozialistische Ideologie vergiftet worden; sie war in alle Sektoren des sozialen und beruflichen Lebens eingedrungen und hatte besonders die Jugend erfaßt. Lehrer waren beauftragt, ihr diese Ideologie einzuimpfen, und Juristen und Ärzte sollten Gesetze anwenden, die die menschliche Würde verletzten. Wer vermochte da wieder Ordnung in die Gemüter zu bringen?

Wer anders als die Kirche? Sie hatte die Offenbarungen Gottes empfangen, die der menschlichen Gesellschaft als Grundlage dienen sollten. Aber trug die Kirche nicht selbst in gewissem Sinne eine Verantwortung für das, was geschehen war? Hatte sie sich nicht seit Jahrhunderten schon zu stark abgewendet von den konkreten Problemen der Welt? Was tat sie, um diese Probleme lösen zu helfen, zum Beispiel während der entsetzlichen Arbeitslosigkeit, deren beschämende Auswirkungen dem Nationalsozialismus als Sprungbrett gedient hatten? War es denn da zum Verwundern, daß sich ein falscher Prophet erhoben hatte und behauptete, selbst diese Probleme lösen zu können?

Es wäre folglich wichtig, daß die Kirche, damit sie ihre Aufgabe gegenüber einer so in Unordnung geratenen Welt erfüllen kann, aus ihrer Zurückgezogenheit heraustritt, daß sie hinter ihren Kirchenmauern hervorkommt, um dem Volk entgegenzugehen, daß sie seine Probleme zu verstehen sucht, und ihm hilft, sie zu lösen. Sie dürfte sich nicht mehr damit zufrieden geben, eine Stunde pro Woche vor frommen und überzeugten Gläubigen zu predigen, und auch nicht mehr allein damit, das Heil, die Bekehrung, die Dogmen und die christlichen Tugenden zu lehren.

Es wäre nötig, daß sie sich mit den Problemen beschäftigte, denen die Juristen, Ärzte, Pädagogen, Geschäftsleute, Hausfrauen, Politiker, Techniker, Künstler oder Bauern in ihrer beruflichen Tätigkeit tagtäglich gegenüberstehen. Aber um welche Probleme handelt es sich da? Kannte die Kirche sie? Die Pfarrer haben nur Theologie studiert. Es wäre nötig, daß die Kirche ein Gespräch führte, daß Theologen mit Männern und Frauen aller Berufe zusammenkämen, um mit ihnen die Schwierigkeiten in ihrer Lebensführung zu untersuchen und zu sehen, in welchem Maße der christliche Glaube dazu beitragen könnte, diese zu lösen.

Gleich nach Ende des Krieges sprach Dr. Eberhard Müller mit Bischof Wurm von seinem Plan und gründete mit seiner Unterstützung die erste Evangelische Akademie Deutschlands in Bad Boll. Die erste Tagung fand im September 1945 statt; es war eine Juristentagung. Hier begegneten sich Richter, von denen die einen unter dem Naziregime aus Gewissensgründen demissioniert hatten, während andere dagegen der Überzeugung gewesen waren, daß eine Abdankung einer Feigheit gleichkäme; sie waren dem Prinzip der Trennung der Gewalten treu geblieben, das ganz allgemein in der modernen Welt gilt, und das vom Richter verlangt, daß er das Gesetz anwende und nicht Anspruch erhebe, es seinem persönlichen Gewissen anzupassen.

Wie verwickelt sind doch die Probleme der Welt! Wie schwer ist es, aus dem christlichen Glauben konkrete Antworten herzuleiten auf die konkreten Fragen, die sich im Berufsleben tagtäglich stellen. Das zeigte sich bei jeder Tagung der Evangelischen Akademien. Ich habe mit meiner Frau an der ersten medizinischen Tagung von Bad Boll im Mai 1946 teilgenommen; dieses Erlebnis übte einen starken Einfluß auf mein Leben aus. Seit ungefähr zehn Jahren schon hatte ich mich dazu berufen gefühlt, mich dem Studium der Frage zu widmen, welche Einwirkung das geistige Leben des Menschen auf seine Gesundheit hat.

Aber bis zu diesem Zeitpunkt war ich mit meiner Aufgabe sehr allein geblieben. Und nun entdeckte ich, daß sich die hervorragendsten Ärzte eines durch den Krieg erschütterten Landes ebenfalls mit dieser

Frage eingehend beschäftigten, sogar Gelehrte, die bisher kaum Kontakt mit der Kirche gehabt hatten. Durch die Ereignisse indessen aufgerüttelt, erkannten sie, daß die Medizin sich nicht ungestraft von ihren priesterlichen Ursprüngen entfernt und verweltlicht hatte, indem sie jede philosophische und religiöse Bezugnahme ablehnte, um hinfort nur der Wissenschaft und der Technik zu gehorchen. War es nicht im Namen der Wissenschaft und des Fortschritts geschehen, daß sich Ärzte zu Verbrechen hatten hinreißen lassen? Weder Wissenschaft noch Technik konnten dem Arzt einen vollständigen und richtigen Begriff vom Wesen der menschlichen Person vermitteln. Durch die Beschränkung auf Wissenschaft und Technik lief die Medizin Gefahr, ihre Menschlichkeit zu verlieren und auf gefährliche Weise unpersönlich zu werden.

Solche Probleme stellen sich jedoch auch in allen andern Berufen. In Deutschland sind zahlreiche weitere Evangelische Akademien entstanden, und analoge Versuche wurden in vielen andern Ländern unternommen, um zwischen der Kirche und Menschen aus den verschiedenartigsten beruflichen Fachgebieten ein Gespräch in Gang zu bringen. Ich habe in Bad Boll an Tagungen von Künstlern, Ingenieuren, Architekten, Krankenschwestern und Geschäftsleuten, worunter sich Großunternehmer der Industrie befanden, teilgenommen. Die gegenwärtige Krise unserer Zivilisation durchdringt alle Sektoren des gesellschaftlichen Lebens in gleicher Weise, weil diese Zivilisation sich von ihren geistigen Quellen entfernt hat.

Eine Tatsache ist bemerkenswert: Wir sind viel weniger, als man annimmt, durch unsere Beschränkung auf die einzelnen Fachgebiete voneinander getrennt. Das erlaubt uns zu hoffen, daß unsere moderne Welt das Menschliche wiederfinden wird, jenseits der technischen Scheidewände, sobald sie wieder ein wenig mehr über das Leben nachdenkt, anstatt es nur zu erleiden. Gewisse Fragen stellen sich auf allen Gebieten in analogen Begriffen. Das ist es, was ich hier zeigen möchte, indem ich eine Frage untersuche: «Sich durchsetzen oder nachgeben?»

Man könnte darüber erstaunt sein, daß ein Arzt über ein solches Problem schreibt, und daß er von Menschen eingeladen wurde, die für das Wirtschaftsleben verantwortlich sind und zusammenkamen, um über eine sehr technische Frage zu diskutieren, nämlich über die Folgen der gegenwärtigen Veränderungen im Privateigentum, das eine immer größere Zersplitterung aufweist. Aber unsere verschiedenen Fachgebiete werden sich wahrscheinlich in zunehmendem Maße gegenseitig beeinflussen. Es war die Physik, die die Lehren der Philosophie erschütterte, die Medizin, die der Seelsorge neue Wege wies, der Automobilismus, der den Städtebau veränderte, die Architektur, die das Leben der Hausfrau beeinflußte, der Rundfunk, der auf die Politik einwirkte, die chemische Industrie, die die Textilindustrie umwandelte, und nun beginnt die Mechanik, die Landwirtschaft zu ändern. Ein Ingenieur von Ruf, Louis Armand[1], behauptete

---

[1] *Louis Armand und Michel Drancourt:* Plaidoyer pour l'avenir. Paris, Calmann-Lévy, 1961.

kürzlich, daß der technische Fortschritt so viele menschliche Probleme stelle, daß die großindustriellen Unternehmungen der Zukunft unter einer gemeinschaftlichen Leitung stehen sollten, in der Psychologen und Humanisten neben Technikern und Wirtschaftssachverständigen ihren notwendigen Platz innehätten.

Es wird Zeit, daß wir aus dem Gefängnis unserer Spezialisierungen herauskommen und ein Gespräch in Gang bringen, und zwar nicht nur zwischen der Kirche und den verschiedenen Berufen, sondern auch zwischen diesen Berufen selbst, und daß wir von einer höheren Warte aus, die das Menschliche einschließt, an die Fragen herantreten, die niemals abgesondert innerhalb jeder einzelnen Gruppe gelöst werden können. Wer weiß, ob es nicht eines Tages die Dichter sein werden, die den Ingenieuren aus den Schwierigkeiten helfen?

II

Sich durchsetzen oder nachgeben?

Welch ein schwieriges Problem! Ich bin mit größtem Interesse an das Studium dieser Frage herangegangen. Rasch wurde mir klar, daß sie in alle zwischenmenschlichen Beziehungen hineingreift, bei allen Konflikten, Streitigkeiten und Verhandlungen der Menschen eine Rolle spielt. Wodurch wird ein Individuum oder eine Gruppe veranlaßt, den andern beherrschen zu wollen, und was bestimmt den andern nachzugeben, oder was veranlaßt alle beide, auf ihrem unnachgiebigen Standpunkt zu verharren? Wissen sie es überhaupt selbst?

Während zweier Monate habe ich viele Männer und Frauen aus verschiedenen Berufen und sozialen Schichten darüber befragt. Meistens zeigte sich mein jeweiliger Gesprächspartner zuerst überrascht von meiner Frage: Scheinbar hatte er sie sich nie auf diese Weise gestellt, obwohl er viele Male in seinem Leben, ja tagtäglich, sich hatte entscheiden müssen, ob er nachgeben solle oder nicht, in dieser oder jener Situation. Dann wurde er nachdenklich: Er erinnerte sich gewisser entscheidender Stunden, wo er entschlossen Partei hatte ergreifen müssen. Bisweilen war er von einer inneren Kraft, die ihn selbst in Erstaunen versetzt hatte, zu einem nicht weniger erstaunlichen Sieg fortgerissen worden. Mitunter hatte er gegen seine innerste Überzeugung nachgegeben, ohne recht zu wissen warum. Manchmal war er auch in einer lähmenden und angstvollen Ratlosigkeit steckengeblieben, anstatt die notwendige Entscheidung zu treffen, aber jetzt noch befand er sich im Ungewissen über die wirklichen Gründe seines Verhaltens und ob er richtig gehandelt hatte.

Ob es sich nun um einen heranwachsenden Jüngling handelt, der von seinen Eltern eine Zustimmung zu erzwingen versucht, die sie ihm verweigern wollen, oder um Diplomaten, die über Frieden oder Krieg entscheiden, um einen Bauern, der auf dem Jahrmarkt eine Kuh erhandelt oder um zwei Theologen, die über dogmatische Fragen diskutieren, immer sind es zweierlei Interessen oder zweierlei Überzeugungen und letzten Endes zwei Willensäußerungen, die sich gegenüberstehen.

Ich behaupte nicht, daß die Ursache des Streites belanglos sei. Im Gegenteil: Je schwerwiegender der Einsatz ist, um so leidenschaftlicher wird gekämpft; von da her kommt der berühmte Ausdruck: *rabies theologica*. Aber es ist offensichtlich, daß in allen Situationen analoge psychologische Mechanismen mit im Spiele sind, von unendlich subtiler und komplexer Art, teilweise bewußt, teilweise unbewußt, und sie bestimmen den Ausgang des Kampfes.

Nicht immer sind es die Stärkeren, die den Sieg davontragen, wie die Realisten meinen, noch jene, deren Argumente vernunftgemäßer sind, wie die Idealisten annehmen. Bekannterweise bellen die kleinen Hunde lauter als die großen, die verächtlich das Feld

14

räumen müssen. Ein Starker kann sich den Luxus leisten, mit Würde zurückzutreten; denn er hat keinen Sieg nötig, um sein Ansehen zu heben, während ein Schwacher seine Position verzweifelt zu halten sucht, um sein Selbstvertrauen zu stärken. Er versteift sich sogar eigensinnig, entgegen jeder Logik, in seiner Haltung, selbst wenn sie den eigenen Interessen widerspricht, weil er es nicht ertragen kann, besiegt zu werden.

Ich denke hier an einen Mann, der schon seit langem in einem gespannten Verhältnis zu seinen Schwiegereltern steht, die ihn schwer gedemütigt haben. Auf eine erneute Beleidigung hin bricht er mit ihnen. Andere versuchen wohlmeinend zu vermitteln: Könnte er nicht eine versöhnende Geste machen und einwilligen, mit seinen Schwiegereltern wieder zusammenzukommen? Aber das hieße dem Problem ausweichen, denkt er, und würde keine Lösung bringen; denn nichts hätte sich geändert. Die Schwiegereltern könnten von neuem die Augen schließen wollen vor einer Meinungsverschiedenheit, die sie nur anerkannt hatten, als er offen die Beziehungen mit ihnen abbrach.

Ein friedliebender und wohlmeinender Mann, der weit lieber mit jedem in gutem Einvernehmen leben möchte, als sich zu streiten, entdeckte mit Erstaunen seine Unnachgiebigkeit: Gerne würde ich nachgeben, wenn es sich nur um mich selbst handelte, denkt er, aber ich trage die Verantwortung für die mir anvertrauten Interessen, und es wäre ein Verrat, sie wegen meines egoistischen Hangs nach Ruhe preiszugeben. Er zitiert nicht ohne Unbehagen das bekannte Sprich-

wort, dessen Inhalt er in seinem Innersten bedauert:
Si vis pacem, para bellum.

So sind oft sehr ausgeglichene und besonnene Menschen ganz erstaunt, wenn sie in Konflikte hineingezogen werden, die sie weder vorausgesehen noch gewollt haben. Eine geheimnisvolle Verkettung von Umständen hat sie gegen ihren Willen zu Führern einer Opposition gemacht, und sie haben keine Möglichkeit mehr, freiwillig zurückzutreten; ihre Anhänger würden das nicht mehr zulassen; sie können jenen berühmten Ausspruch auf sich anwenden: Ich bin ihr Anführer, also muß ich ihnen folgen.

Als ich Mitglied des Kirchgemeinderates war, befand ich mich in einem schweren Konflikt mit meinem eigenen Pfarrer, obwohl er gerade der Mann war, den ich am meisten verehrte und liebte in dieser Versammlung. Man hatte uns gegeneinander aufgehetzt, ohne daß wir es gemerkt hatten. Jene, welche sich vor dem Pfarrer fürchteten, stellten sich hinter mich und machten mich zum Wortführer im Kampf gegen seine Ideen; andere, die vor mir Angst hatten, stellten sich hinter ihn und stachelten ihn auf, meine Ideen zu bekämpfen. Und weder er noch ich konnten nachgeben, ohne die zu enttäuschen, die ihr Vertrauen in uns gesetzt hatten.

Erst nach einem tiefen geistigen Erlebnis haben wir uns wieder gefunden, beide zusammen auf den Knien in seinem Sprechzimmer, und wir haben uns eingestanden, wie sehr wir beide unter dem Streit gelitten hatten, wie sehr wir uns schätzten, und wir baten uns gegenseitig um Verzeihung für die erregten Wortaus-

brüche, zu denen wir uns im Kampf hatten hinreißen
lassen. Niemals werde ich diese Stunde vergessen und
auch nicht die Demütigung, die sie uns gekostet hat.

Ich habe vorhin von Bischof Wurm gesprochen,
einem Führer der Bekenntniskirche Deutschlands, der
sich tapfer gegen Hitler aufgelehnt hatte. Als ich ihn
über diese Ereignisse befragte, gestand er mir, wie
schwer es ihm zu Beginn der Naziherrschaft gefallen
sei zu erkennen, welche Haltung die Kirche in dieser
Situation einzunehmen habe: Es war da eine einfluß-
reiche Volksbewegung vorhanden, die begeisterte Zustimmung bei der nach neuen Hoffnungen begierigen
Menge fand. Sollte man sich trotz der Irrtümer ihr
anschließen, um sie von innen her zu beeinflussen und
um zu versuchen, sie zu einer echten nationalen Er-
neuerung hin zu lenken, oder sollte man diese Bewegung bekämpfen, auf die Gefahr hin, jeden Kontakt
mit den Massen zu verlieren? Ihre Führer begingen
Ungerechtigkeiten, verkündeten Ideen, die zum christlichen Glauben im Gegensatz standen; ist das aber
nicht bis zu einem gewissen Grade für die politische
Macht aller Staaten der Fall? «Sich auf den Aventin
zurückziehen» kann je nach den Umständen als mutige Handlung oder als Abdankung aufgefaßt werden.

Sich durchsetzen oder nachgeben? Bischof Wurm
hatte oft darüber mit einem andern Bischof gesprochen, einem seiner besten Freunde, der wie er selbst
zögerte. Glücklicherweise vernahm er eines Nachts
plötzlich einen inneren Ruf, daß er energisch mit dem
Regime brechen solle. Er hielt es für eine göttliche
Inspiration, die er sogleich befolgte. Es war höchste

Zeit gewesen. Wenig nur hätte gefehlt, so hätte er sich wie jener andere Bischof von Kompromiß zu Kompromiß verleiten lassen und sich dem Regime allmählich immer mehr angepaßt, bis es ihm schließlich nicht mehr möglich gewesen wäre, sich noch davon zu lösen. So wurden er und sein Freund, die beide zuerst lange gezögert hatten, zu Führern zweier Parteien der Kirche, die unwiderruflich zu einander im Gegensatz standen, die eine im Widerstand, die andere in der Unterwerfung.

III

Unsere Abhängigkeit und Begrenztheit

Ein schlimmer Teufelskreis ist bei allen Konflikten immer mit im Spiel: Wer nicht rechtzeitig die Stirne bietet, wird gezwungen, unaufhörlich nachzugeben, bis zur Kapitulation. Und wer nicht rechtzeitig einen Versuch zur Versöhnung wagt, ist genötigt, sich in seiner Haltung immer mehr zu versteifen, selbst gegen seine eigene Überzeugung.

Anstatt uns zu fragen: «Soll ich mich durchsetzen oder nachgeben?» sollten wir uns manchmal eine tiefer schürfende Frage stellen: «Wenn ich nachgebe, geschieht es dann freiwillig oder gegen meinen Willen? Wenn ich standhalte, tue ich es dann mit Überzeugung oder ohne wirkliche Überzeugung?» Aber selbst wenn die Frage in dieser Form gestellt wird, fällt es uns oft schwer, darauf mit Gewißheit zu antworten. Wie viele Menschen – und manchmal die besten – bleiben oft lange ratlos und wissen nicht, zu was sie sich entscheiden sollen; und wenn sie dann ihre Wahl getroffen haben, könnten sie nicht einmal sagen, ob sie dabei frei waren oder ob sie unbewußten Motiven gefolgt sind.

Ein Mensch kann der festen Überzeugung sein, einen Kampf vollkommen selbstlos zu führen, und beruhigt damit sein Gewissen, während er in Tat und Wahrheit von seinem Streben nach Macht geleitet wird. Eine Frau beispielsweise, die immer wieder ihrem Mann nachgeben mußte, zeigt sich plötzlich unbeugsam, als jener die Kinder zu tyrannisieren beginnt. Sie verteidigt ihre Kinder mit einer solchen Energie, wie sie sie nie an den Tag gelegt hatte, als es nur um sie selbst ging. In Wirklichkeit aber übt sie damit zweifellos eine persönliche Vergeltung aus für ihre früheren Niederlagen.

So können wir im alltäglichsten Ehekonflikt dieselben Faktoren nachweisen, die überall da mitwirken, wo soziale Klassen, verschiedene Generationen, politische Parteien, Nationen, Wissenschaftler, Künstler, Philosophen im Gegensatz zueinander stehen. Denken wir nicht, daß es bei Wirtschaftskonflikten und Geldgeschäften anders sei. Der Gegenstand ist materieller Art, aber der Einsatz ist immer geistigen Ursprungs. In einer Lohnforderung beispielsweise und selbst beim gewöhnlichen Feilschen um einen Preis geht es immer darum, Gerechtigkeit, Respektierung seiner Person vom Vertragspartner zu erlangen.

Denken wir auch an einen Großunternehmer, der sich unaufhörlich wegen Arbeitsüberlastung beklagt. Trotzdem geht er an die Vergrößerung seiner Fabrik heran, eröffnet neue Filialen, saugt Konkurrenzunternehmen auf. Es geht ihm keineswegs in erster Linie ums Geld. Er verfügt ja nicht einmal über genügend Zeit, Ferien zu nehmen und sein verdientes Geld zu genießen. Er gehorcht ganz einfach einem Naturgesetz, das von einem jeden Organismus fordert, daß er sich entwickle: Wer aufhört zu wachsen, ist dem Tode geweiht; wer nicht vorwärts schreitet, fällt zurück.

Das Leben selbst ist nichts anderes als die Gesamtheit der beharrlich errungenen, biologischen Siege über die Kräfte des Todes.

Das Leben ist Behauptung des Wesens in einer Umgebung, die es bedroht und von der es sich nährt. Es ist niemals frei von Konflikten. Erstaunlicherweise versucht man so selten, diese allgemeine Psychologie der Konflikte wissenschaftlich zu studieren. Vielleicht weil wir Richter und Partei in einer Person sind und aus diesem Grunde so Mühe haben, die Sachen klar und objektiv zu sehen.

Alle Menschen werden immer wieder in zahllose Konflikte hineingezogen, denen sie nicht gewachsen sind; sie lassen sich treiben, anstatt selbst etwas zu unternehmen.

Alle sind entrüstet und lehnen sich gegen die Ungerechtigkeit auf, deren Opfer sie sind, und alle begehen ihrerseits, ohne sich darüber Rechenschaft zu geben, ebensoviele Ungerechtigkeiten und Gewalttätigkeiten.

Die Diskussionen gehen hin und her, und keiner vermag den andern zu widerlegen. Wenn man sich auch nur im geringsten die Mühe nimmt, diese Menschen unvoreingenommen zu verstehen, so muß man im allgemeinen anerkennen, daß jeder von seinem Standpunkt aus recht hat. Das stelle ich sehr oft in meiner Sprechstunde fest, wenn ich zwei in Konflikt geratene Ehegatten nacheinander anhöre.

Alle glauben wir natürlich, immer nur geheiligte Prinzipien, die Wahrheit, die Gerechtigkeit, die Vernunft zu verteidigen. Bei den andern entdecken wir die Interessen, Leidenschaften und Trugschlüsse, von denen sie geleitet werden. Deshalb ist es so selten, daß eine Diskussion jemanden überzeugt. Aus meinem ganzen Leben erinnere ich mich nur an eine einzige Auseinandersetzung, die mich wirklich zur Umkehr brachte. Die Politiker wissen es sehr gut und zählen mehr auf die suggestive Kraft einiger Slogans, die mit Nachdruck eingehämmert werden, als auf eine vernunftgemäße Beweisführung.

Und dennoch hören die Menschen nicht auf, weiter zu diskutieren, logische Überlegungen zu entwickeln, die sie sich entgegenhalten, ohne einander zu überzeugen. Sie sind sehr zufrieden, wenn sie ein entscheidendes Argument gefunden haben, das unwiderlegbar zu sein scheint. Damit rufen sie den Beifall ihrer Anhänger hervor, die schon mit einem sicheren Sieg rechnen. Sie sind jedoch immer enttäuscht und entrüstet über die Reaktion des Gegners: denn ein gewaltsam aufgezwungenes Argument ruft seinen Widerspruchsgeist hervor, erweckt in ihm eine Fülle von andern, gegensätzlichen Argumenten, die noch überzeugungskräftiger sind und die er seinerseits triumphierend hochhält, ohne sich darum zu kümmern, den Beweisgrund, den man ihm entgegengehalten hatte, zu widerlegen.

Die Menschen werden keineswegs von der Vernunft geleitet, wie man früher glaubte. Die Untersuchungen der Historiker und Nationalökonomen, sowie die der Marxisten, Existentialisten und Psychoanalytiker haben uns allerdings von dieser Illusion geheilt. Die Vernunft dient nur dazu, auf der Ebene des klaren Bewußtseins unser Verhalten zu rechtfertigen, das uns dunkle Kräfte der Natur diktieren, nämlich die Instinkttriebe, wie der Erhaltungstrieb, der Besitztrieb, der Angriffstrieb, der Geschlechtstrieb, der Machttrieb, der Entfaltungstrieb.

Jede Schule erklärt das menschliche Verhalten auf ihre Weise; die Marxisten sehen nur die Auswirkungen der wirtschaftlichen und sozialen Strukturen, die Psychoanalytiker die der unbewußten Impulse, die Vertreter des Idealismus führen alles auf das sittliche Bewußtsein und philosophische und religiöse Auffassungen zurück. In Wirklichkeit ist jede Haltung das Ergebnis einer sehr großen Zahl äußerst komplexer Faktoren. In jeder menschlichen Beziehung halten sich die aufeinander einwirkenden Kräfte die Waage; sie befinden sich in einem mehr oder weniger stabilen Gleichgewicht, in einem Kampf, bis eines der beiden Individuen oder eine der beiden Gruppen nachgibt und kapituliert.

Zuckermann [2] hat das soziale Leben der Affen studiert. Er beobachtete, daß in einer Kolonie nur solange eine gewisse Harmonie aufrecht erhalten werden kann, als ein alter Affenmann seine Autorität zu bewahren imstande ist, so daß kein anderer es wagt, sich ihm entgegenzustellen. In dem Augenblick jedoch, wo er der Herausforderung eines andern weichen muß, beginnt eine Periode der Unordnung in der ganzen Kolonie, die solange dauert, bis es einem andern männ-

[2] S. *Zuckermann*: La vie sexuelle et sociale des singes. Übersetzung aus dem Englischen von A. Petitjean, nrf. Gallimard, Paris.

lichen Affen gelingt, seine Hegemonie aufzurichten. Selbst bei den Affen scheint es mir zweifelhaft, daß allein ihre physische Kraft ausschlaggebend sei. Die Autorität kann in einem gewissen Selbstvertrauen und in einem gewissen Mut begründet sein, die aus einer moralischen Kraft kommen. Beim Menschen sind die zusammenwirkenden Kräfte natürlich viel subtiler, zahlreicher und komplexer. Bei ihm sind nicht nur körperliche oder sittliche Kräfte mit im Spiel, sondern auch geistige Faktoren. Aber es handelt sich immerhin auch um ein gewisses Gleichgewicht der Kräfte, das die Partner dazu bestimmen wird, nachzugeben oder nicht.

IV

Jedem seine Waffe

Jeder benützt die Waffen, über die er verfügt. Für den einen besteht die Waffe in seiner körperlichen Kraft, für den andern im Gegenteil in seiner Gebrechlichkeit, indem er unter Hinweis auf seine Schwachheit, leichte Erregbarkeit oder verzweifelte Lage eine Art Erpressungsversuch ausübt. Oft sind Nervenschwäche oder Krankheiten, die man mehr oder weniger bewußt in die Länge zieht, Werkzeuge, um zu erreichen, was man auf andere Art nicht erreichen würde. Der eine benützt sein impulsives Wesen als Waffe, ein anderer seine zähe Ausdauer; einer verteidigt sich mit endlosen Reden, ein anderer versucht es mit hartnäckigem Stillschweigen.

Die gleiche Inszenesetzung kann immer wieder unerbittlich ablaufen: Die Frau steigert sich in eine solche Aufregung hinein, bis es zur Nervenkrise und zu Selbstmorddrohungen kommt, während ihr Mann nur kalte und zur Verzweiflung treibende Selbstbeherrschung an den Tag legt. Welcher der beiden ist verantwortlich für das Verhalten des andern? Kleine Wortsticheleien können manchmal unendlich viel mehr verletzen als Ohrfeigen, und geistreicher Spott kann perfider sein als Beschimpfungen.

Mehr noch, man kann jemanden ebensogut durch Großmut und Milde beherrschen und sich gefügig machen wie durch gewöhnliche Aggressivität. So sehen wir Familien, in denen eine Frau durch ihre Güte, ihr liebevolles Wesen und ihre übertriebene Vollkommenheit alles beherrscht. Jedermann bewundert sie um ihrer Selbstlosigkeit willen und nennt sie eine vorbildliche Gattin und Mutter, ohne zu sehen, daß sie in Wirklichkeit die Ihrigen alle lähmt. Niemand würde es wagen, ihr Kummer zu bereiten, indem er sich ihr widersetzte oder sich von ihrer Bevormundung befreite. Und durch den Erfolg dieser Taktik wird sie selbst an die tugendhafte Rolle gebunden, die sie spielen muß.

Umgekehrt gibt es Menschen, die unaufhörlich die Nächstenliebe predigen, sich selbst aber dabei sehr lieblos benehmen. Andere kämpfen für die Toleranz, verhalten sich aber in höchstem Maß untolerant gegen jene, die es nach ihrer Meinung an Toleranz fehlen lassen. Wer nicht zu drohen versteht, wendet Hinterlist an, wer nicht anzugreifen wagt, ergreift die Flucht. Man kann sich fragen, ob nicht mancher, der nachgibt, es in der Absicht tut, so eher zum Sieg zu gelangen.

All das findet sich natürlich wieder – mit den tausenderlei Feinheiten, die von den Romanschriftstellern studiert werden – im Flirt und Liebesspiel sowie im Geschäftsleben oder im Leben der Wissenschaft und Kunst. Jeder Fortschritt der Zivilisation fügt dieser großen Orgel des Lebens, worauf jeder zu spielen lernen muß, ein neues Register hinzu. Ein jeder hat seine Trümpfe: Ansehen durch Geld oder durch ein Wappenschild, Schulerfolge und Universitätstitel oder sportliche Leistungen; eine Frau trumpft mit ihrer Schönheit auf, ein Gatte mit der Schönheit seiner Frau und sie wiederum mit dem Ansehen ihres Mannes.

Es gibt auch viele Überraschungen: Scheinbar sehr starke und mutige Menschen kapitulieren unter gewissen Umständen plötzlich und auf feige Weise, worüber sie selbst ganz bestürzt sind. Andere, die immer unsicher, ratlos, nachgiebig zu sein scheinen, zeigen sich plötzlich angesichts irgendeiner schwierigen Situation von unbeugsamer Entschlossenheit. Ich selbst halte mich für einen eher schwachen und zögernden Menschen. Ich habe immer Mühe, Partei zu ergreifen. Und meine Freunde erheben Einspruch, wenn ich das eingestehe; sie halten mich für einen Schrittmacher. Einer von ihnen sagte mir eines Tages: «Ja, vielleicht lässest du dich lange Zeit treiben, aber plötzlich, wenn du zu einer Überzeugung gelangt bist, stürmst du vorwärts, und niemand kann dich mehr aufhalten.»

Konflikte kommen heute viel häufiger vor als früher; denn damals war es die gesellschaftliche Konvention, die zum vornherein bestimmte, wer den Sieg davon tragen sollte, und wer sich beugen mußte, wer zu befehlen und wer zu gehorchen hatte. Es gab offensichtlich in der vergangenen Epoche, als die Frau ihrem Mann stets untertan sein mußte, weniger Ehekonflikte. Gleicherweise verhält es sich mit den Beziehungen zwischen den Eltern und ihren heranwachsenden Kindern. Bei den letzten «Rencontres Internationales» in Genf, wo man von den Grundlagen und Bedingungen des Glücks sprach, wurde eine Sitzung der sich unverstanden fühlenden Jugend und ihren Problemen gewidmet. Der Berichterstatter vermerkte, daß dieses Sich-unverstanden-Fühlen die Erklärung sei, «sowohl für die Passivität einer gewissen Gruppe Jugendlicher – jener, die sich fügen – als auch für die Aggressivität einer andern Gruppe – jener, die sich auflehnen».

Jede Erziehung führt früher oder später zu Konflikten zwischen dem Kind und seinem Erzieher, so gut dieser es auch meinen mag. Die Anpassung an das gesellschaftliche Leben wird viele Entsagungen erfordern. Es hieße das Kind schlecht darauf vorbereiten, wenn man ihm allzu leicht nachgäbe, aber andererseits würde man es in die Auflehnung oder in die Neurose hineintreiben, wenn man ihm eine unerbittliche Dressur aufzwänge – in die Auflehnung, wenn es stark genug ist; in die Neurose, wenn es zu schwach ist, um sich zu befreien. Wann müssen die Eltern ihren Willen durchsetzen und wann sollen sie nachgeben? Wo ist die Grenze? Welche Eltern könnten sich rühmen, sie richtig erkannt zu haben? Geben sie sich überhaupt wirklich Rechenschaft über ihr eigenes Verhalten? Eines Tages mußte ich von einem meiner Söhne den Ausspruch hören: «Du bist viel weniger großzügig als du meinst!»

Es gibt Eltern, die ihre Kinder nicht mit Zurechtweisungen plagen wollen wegen belangloser Vergehen; sie behalten sich vor, bei ernsteren Zwischenfällen einzugreifen; aber dann wird es zu spät sein. Durch zu vieles Nachgeben haben sie jede Autorität verloren. Alexis Carrel [3] weist darauf hin, daß die

[3] *Alexis Carrel:* Betrachtungen zur Lebensführung. Rascher, Zürich, 1954.

meisten Eltern allen Launen ihrer Kinder nachgeben und über ihre Dummheiten lachen, solange die Kinder noch klein sind, also in einem Alter, wo sie Festigkeit nötig hätten; währenddem die Eltern dann dem heranwachsenden Kind, das mehr Freiheit genießen sollte, um seine Erfahrungen zu machen, ihren Willen aufzuzwängen versuchen.

Wenn man sich näher damit befaßt, erkennt man rasch, welch ungeheure Rolle unsere Frage «Sich durchsetzen oder nachgeben?» in der Erziehung spielt, und zwar auf jeder Altersstufe, bei der Erziehung in der Familie, in der Schule und in der Gesellschaft. Die starken und die schwachen Reaktionen, die man sich in der Kindheit angewöhnt hat, haben die Tendenz, sich durch das ganze Leben hindurch zu wiederholen. Beim Kleinkind ist das Verhältnis der Kräfte scheinbar ungleich; das führt manchmal dazu, daß gewisse Kinder sich erdrückt fühlen und schüchtern werden. Dennoch sieht man Familien, wo eines der Kinder, oft das jüngste, allen seinen Willen aufzwängt – sei es nun ein besonders mühsames und eigensinniges, oder im Gegenteil ein äußerst liebreizendes Kind, sanft wie ein Engelchen.

Aber im Jugendalter erst kommt das Problem in seiner ganzen Schärfe zum Ausdruck. Da sind Eltern, die daran gewöhnt waren, nur ein Wort sagen oder höchstens die Stimme ein wenig erheben zu müssen, um ihr fügsames Kind zum Gehorsam zu bringen. Das tröstete sie über viele Umstände in ihrem Leben außerhalb der Familie hinweg, wo sie oft Stärkeren gegenüber nachgeben mußten. Um so bestürzter und entrüsteter sind sie daher, als sich das änderte: daß ihr Kind – das ihnen noch so jung vorkam – es wagte, sich ihnen zu widersetzen, schien ihnen eine Beleidigung und eine unerträgliche Herausforderung zu sein.

Dieser Umsturz des Kräfteverhältnisses wirkt sich auf die ganze Familie aus, die in ein Stadium der Unsicherheit eintritt, ähnlich dem von Zuckermann beschriebenen in der Affenkolonie. Man wird indessen jenen Eltern nicht anraten können, dies einfach ohne Widerrede hinzunehmen. Jugendliche, die ihre Unabhängigkeit zu leicht erobert haben, ohne bei den Eltern auf Widerstand gestoßen zu sein, sind schlecht darauf vorbereitet, von ihr im Leben Gebrauch zu machen. Im Kampf erwirbt das Kind eine gewisse Erfahrung und lernt, bis zu welchem Punkt es sich durchsetzen und wann es nachgeben muß.

Analoge Probleme treten in jedem Büro, in jeder Werkstatt, in allen Laboratorien und Fabriken auf. Es stellt sich immer ein gewisses Gleichgewicht der Kräfte ein, das die Beziehungen zwischen den einzelnen Gliedern einer Arbeitsgemeinschaft regelt und das in Frage gestellt wird, wenn jemand austritt oder wenn jemand neu hinzukommt. Manchmal sind die Vorgesetzten zu streng und kritisch und lähmen so die Initiative ihrer Untergebenen; manchmal haben sie im Gegenteil zu wenig Autorität, so daß eine gewisse Zügellosigkeit um sich greift; oder dann haben sie beide Eigenschaften miteinander und zeigen sich einmal so, einmal anders.

Schwerwiegender ist es, wenn ein Chef von einem Angestellten in irgendeiner unredlichen, ungerechten, ungesetzlichen oder unmoralischen Angelegenheit Mithilfe verlangt. Wie weit darf der Untergebene einwilligen und gegen sein Gewissen mitmachen? Schließlich ist es nicht seine Angelegenheit, sondern die des Chefs! Und es ist nicht seine Aufgabe, alles Unrecht wieder gutzumachen. Und dennoch sind all die rechtschaffenen Leute, die sich angesichts der Entfesselung des Bösen in der Welt passiv verhalten, unter dem Vorwand, das gehe sie nichts an, in gewissem Sinne verantwortlich dafür, auch sie.

Diese Gewissensfragen sind sehr heikel und schwer zu entscheiden. Ich kannte viele Angestellte, die während Jahren schwer an dieser Last trugen. Ich wußte nicht recht, was ihnen raten. Sollten sie offen mit ihrem Vorgesetzten sprechen, ihm mit ihrer Entlassung drohen? Und wenn dieser sie nun annähme, ohne an seinem schuldigen Verhalten etwas zu ändern? Und was gab ihnen das Recht, sich als Richter aufzuspielen? Es kann vorkommen, daß ein Angestellter fälschlicherweise eine Handlung für unredlich ansieht. Aber es kommt auch vor, daß die Fehler eines Vorgesetzten allen bekannt sind, ohne daß jemand es wagte, sie aufzudecken, und daß sie die Atmosphäre eines ganzen Betriebes vergiften.

Und die Ungerechtigkeiten des Staates, der Prestigepolitik, des Krieges? Wie weit geht die Pflicht der Unnachgiebigkeit vorausahnender Männer? Wie weit diejenige der Unterwerfung unter die nationale Solidarität? Von was für Gewissensqualen vor allem weitsichtige Männer zerrissen werden können, ist bekannt. Ich erinnere mich an einen Freund, der unter der deutschen Besetzung an der Spitze einer Provinz seines Landes stand. Er setzte sich dafür ein, die Leiden der Besetzung für seine Mitbürger zu mildern, ihnen im Rahmen des Möglichen die Anwendung der ungerechtesten Befehle zu ersparen.

Aber eines Tages hielt er es nicht mehr aus. Mutig entschloß er sich, die höchste Instanz der Besatzungsmacht aufzusuchen und mit dem Rest seines Ansehens das Versprechen zu erwirken, daß er nach seiner Demission nicht durch einen Nazi ersetzt würde. Und dennoch wurde nach seiner Abdankung ein Nazi an seine Stelle gesetzt, ein vollkommen unterwürfiges Werkzeug der Besatzung. Hatte nun mein Freund seine Volksgenossen verraten, um seinem Gewissen Folge zu leisten? Gepeinigt von lebhaften Gewissensqualen kam er zu mir. Aber was hätte ich ihm sagen können, außer, daß ich von Herzen an seiner Not teilnehme?

Man sieht an diesem Beispiel, wie vergeblich es wäre, die beiden Aspekte unseres Problems, den theoretischen und den praktischen, voneinander trennen zu wollen: das heißt, einerseits den inneren Entschluß, standzuhalten oder nachzugeben, den es zu fassen gilt, und andererseits die uns in Wirklichkeit zur Verfügung stehenden Mittel, um unsern Willen durchzusetzen und einen Sieg zu erringen.

Es fällt mir auf, wie eitel und nichtig im allgemeinen die Siege sind, die die Menschen im gesellschaftlichen Leben unter so viel Kampf und Mühe erringen. Sie können jahrelang für eine ihnen am Herzen liegende Sache kämpfen und mutig jedermann die Stirne bieten, und wenn sie ihr Ziel erreicht haben, ist ihre Freude nur von kurzer Dauer. Während des Kampfes fühlten sie sich von innerer Kraft getragen, und die fehlt ihnen jetzt. Und dann – wenn man erreicht hat, was man sich wünschte, kann man sich nicht mehr beklagen; das Sich-Beklagen war eine Taktik, die Verantwortung für alle Widerwärtigkeiten, die man zu erleiden hatte, auf die andern abzuwälzen.

Selbst die sehr teuer erkauften militärischen Siege bringen den Völkern selten ein dauerhaftes Glück. Es schien, daß mit dem Sieg alle Probleme gelöst sein würden. Und nun zeigen sich ganz im Gegenteil neue und weit komplexere Probleme, als es die des Krieges waren. Und schließlich läßt ein Sieg uns alle nur um so schmerzlicher empfinden, wieviel noch unerreicht geblieben ist.

Wonach die Menschen sich am meisten sehnen, ist geliebt zu werden, und hierin liegt der tiefere Ursprung ihres ständigen Forderns, das sie zueinander in Gegensatz bringt. Das ist das paradoxe Drama unserer menschlichen Situation. Wenn wir einen ganz gewöhnlichen Ehekonflikt aufmerksam beobachten, werden wir entdecken, daß der Ehepartner, der sich hartnäckig versteift und um jeden Preis erreichen will, daß der andere nachgibt, in Wirklichkeit in dessen Kapitulation ein Zeichen seiner Liebe sucht.

Gleicherweise verhält es sich in den großen sozialen und politischen Konflikten. Die eigentliche treibende Kraft einer Forderungen stellenden sozialen Bewegung liegt in dem Bedürfnis, anerkannt, geachtet und letzten Endes geliebt zu werden. Was die Menschen in Gegensatz zu einander bringt, ist ihr Verlangen nach Einigkeit. Ein Volk, das sich von seinen Nachbarn gehaßt fühlt, kann einen Krieg gegen sie vom Zaune brechen, gleichsam um ihre Liebe zu erzwingen, die es im Frieden nicht erhält. Daher kommt auch die Vorliebe, mit der einzelne Personen oder ganze Völker Bündnisse abschließen. Sie fühlen sich als Freunde, weil sie einen gemeinsamen Feind haben. Aber wenn die Menschen sich auch zum Kampf zusammenschließen, so trennen sie sich rasch wieder nach dem Sieg. Dieser bringt ihnen nur Einsamkeit und den Undank derer, denen er zum Vorteil gereichte.

V

Die Interpretationen unseres Verhaltens

Ich denke hier an eine Frau, die ich schon seit ungefähr zwanzig Jahren ärztlich betreue und berate. Ganz kurz nach ihrer Heirat hatte sie entdeckt, daß ihr Mann ein voreheliches Verhältnis mit einer andern Frau weiterführte. Was sollte sie tun? Ihn zur Rede stellen? Sich scheiden lassen? So tun, als ob sie nichts davon wüßte? Versuchen, ihn mit viel verzeihender Liebe und Vertrauen zurückzugewinnen? Ihn auffordern, zwischen ihr und der andern zu wählen? Er war übrigens ein schwacher Mensch und wahrscheinlich unfähig, eine männliche Entscheidung zu treffen. Wenn es ging, leugnete er alles ab, wenn er durch den Tatbestand überführt wurde, gab er alles zu, in die Enge getrieben, machte er die schönsten Versprechungen, fuhr aber fort, ein Doppelleben zu führen. Solche sich ein wenig kindisch benehmende Männer gibt es viele; sie versuchen das Leben zu genießen, so viel sie können, ohne Verantwortung auf sich nehmen zu wollen, und haben nie genug Frauen um sich, um sie zu verwöhnen.

Ihm verzeihen, ihm Vertrauen entgegenbringen, hieße das folglich nicht, ihn dazu ermutigen, diesen Weg des leichten Lebenswandels weiter zu verfolgen? Aber ihn verlassen, ihn zurückstoßen, bedeutete das nicht, Gefahr zu laufen, ihn immer tiefer fallen zu sehen? Und blieb er nicht für diese Frau der Vater ihrer Kinder, wenn er auch einen sehr schlechten Einfluß auf sie ausübte? Sehr oft hatten wir zusammen darüber gesprochen. Als überzeugte Christin hatte sie mutig den Weg der Selbstverleugnung gewählt, um ihr Heim aufrecht zu erhalten und um ihrem Gatten beistehen zu können. Oftmals, wenn sein schwacher Charakter Anlaß zu Schwierigkeiten in seinem beruflichen Leben gab, war diese Gattin mit ihrer Kraft und Liebe eine kostbare Hilfe für ihn gewesen.

Und nun sind die Kinder herangewachsen. Mit der Unerbittlichkeit der Jugend lehnen sie sich gegen ihren Vater auf und verachten ihn. Aber auch ihrer Mutter machen sie schwere Vorwürfe: Durch ihre Schwachheit hat sie sich mitschuldig an der Zerrüttung ihres Heims mit seiner dumpfen und erstickenden Atmosphäre gemacht. Erschüttert kommt sie zu mir. «Ich habe mich getäuscht», sagt sie, «ich bin den falschen Weg gegangen! Ich habe meinen Gatten und meine Kinder unglücklich gemacht! Im Grunde bin ich feige gewesen!» Und dennoch kann ich bezeugen, daß sie damals aufrichtig den Weg der Vergebung und des Ausharrens gewählt hatte, weil sie ihn für mutiger und aufbauender hielt, und weil nur dieser Weg es war, der ihrem Glauben entsprach.

So kann ein und dasselbe Verhalten nacheinander als heroischer Gehorsam oder als schmähliche Abdankung ausgelegt werden! Wir beurteilen nicht die Haltung der Menschen an sich – selbst nicht unsere eigene –, sondern die Interpretation, die wir ihr geben. Nachgeben erscheint je nach dem als Sieg des Herzens oder als Niederlage der Vernunft. Auch Standhalten kann als mutiger Sieg oder als moralische Niederlage aufgefaßt werden.

Jedermann fühlt, daß die Interpretation der Handlungen mehr zählt als die Handlungen selber. Daher machen wir uns stets Gedanken darüber, wie unser Verhalten ausgelegt werden könnte: Wir fürchten beispielsweise, daß ein Zugeständnis von der andern Partei als Zeichen von Schwäche aufgefaßt werden könnte und sie in ihrer unnachgiebigen Haltung bestärken würde. Oder – was noch subtiler ist – wir können auch befürchten, daß der andere sogar in unserer Unnachgiebigkeit ein Zeichen von Schwäche sieht, eine Art verzweifelter Kraftanstrengung, der er mit unerbittlicher Haltung entgegenzutreten versucht sein könnte, um uns den Gnadenstoß zu versetzen.

Solche mahnenden Hinweise können häufig in der Presse gelesen werden, im Augenblick, wo eine Partei oder ein Land heikle Verhandlungen mit einem Gegner führen. Und es ist klar, daß die Unterhändler, die den Gegner viel besser kennen, sich wohl mit ihm auf einer Formel einigen könnten, wenn sie nicht die Reaktionen ihrer eigenen Partei fürchteten. Denn kein Individuum und noch weniger ein ganzes Volk sieht die andern so, wie sie sind, sondern jeder sieht und beurteilt die andern, wie er es gelehrt wurde, d. h. nach der herrschenden Meinung.

Wenn wir für jemanden Bewunderung hegen, sehen wir in seiner Festigkeit ein Zeichen vorbildlicher Treue und Tapferkeit; wenn wir ihn hingegen nicht mögen, werden wir die gleiche Festigkeit als törichten

Starrsinn und strafbaren Hochmut auslegen. Aber auch den, der nachgibt, können wir entweder für einen Feigling und Verräter halten oder im Gegenteil für die Großmut selbst. Und wenn zwischen zwei Menschen oder zwei Parteien Mißtrauen herrscht, so wird ein großmütiger Versuch zur Versöhnung der einen Seite, wenn er auch aus aufrichtigem Herzen kommt, von der andern als machiavellistische Falle verdächtigt werden.

Versuchen wir nun also, genauer zu erkennen, wodurch die Menschen bestimmt werden, sich durchzusetzen oder nachzugeben. Ich befragte darüber einen Juristen, der ein überzeugter Christ und Befürworter der Gewaltlosigkeit war und sich beruflich mit den Streitfragen einer großen Versicherungsgesellschaft zu befassen hatte. Unter den Unglücksfällen gibt es eine gewisse Anzahl, die zu Meinungsverschiedenheiten Anlaß geben und wo die beiderseitigen Verantwortlichkeiten anfechtbar sind. Um zu einer gütlichen Verständigung zu kommen, müssen Konzessionen gemacht, und manchmal ein regelrechtes, unfeines Feilschen in Kauf genommen werden.

«Was bestimmt Sie, sich durchzusetzen oder nachzugeben, einen Vertrag abzuschließen oder es zu einem Prozeß kommen zu lassen?» fragte ich ihn. «Im Grunde», antwortete er mir, «geht es immer um eine möglichst genaue Abschätzung der Verlustrisiken und der Gewinnchancen.» «Werden moralische Faktoren nie berücksichtigt?» fragte ich darauf. «Natürlich», entgegnete er, «gegebenenfalls hüten wir uns davor, eine Lage auszunützen, wo streng genommen das

Recht zu unsern Gunsten sprechen würde, unsere Härte aber als Ungerechtigkeit erschiene und unserm Ansehen schaden könnte.» Wenn man es sich recht überlegt, scheint dieses moralische Bedenken auch noch, wenigstens teilweise, von Eigennutz diktiert zu sein.

Unsere Frage ist hiemit etwas beiseite geschoben, aber deswegen nicht gelöst: Welches sind nun wirklich die Faktoren, die diese Abschätzung der Verlustrisiken und der Gewinnchancen, von denen der Jurist sprach, beeinflussen helfen? Die Hauptsache scheint mir das natürliche Temperament jedes Menschen zu sein. Der eine ist von Natur aus kämpferisch veranlagt, der andere neigt mehr zur Versöhnung. Jeder wird seinem natürlichen Impuls entsprechend eine andere Interpretation der Lage geben. Der erstere wird sich mit Überzeugung für einen Prozeß einsetzen, von dem er sich wesentliche Vorteile verspricht, so daß es unverzeihlich wäre, von vornherein darauf zu verzichten; der zweite wird all die Risiken aufzählen und dazu raten, den Schaden vorsichtshalber durch einen Kompromiß zu begrenzen.

Ich habe früher einmal diese Verschiedenheit unserer natürlichen Reaktionen in meinem Buch «Die Starken und die Schwachen» beschrieben. Immer deutlicher sehe ich, in welch großem Ausmaß die Menschen – selbst ganz besonnene – durch ihre automatischen Impulse bestimmt werden, und es zeigt sich, daß die Tatsachen ihnen im allgemeinen Recht geben: denn der Optimist stürzt sich mit soviel Eifer und Zuversicht in seinen Prozeß hinein, daß er ihn gewinnen wird, während der Ängstliche, der schon von Anfang an mit einer Niederlage rechnet, ihn verlieren würde. Bleiben wir beim Thema der Versicherungen: Eine Gesellschaft weiß genau, an welchen Arzt sie sich wenden muß, um ein bestimmtes Gutachten zu erhalten. Sie sieht ungefähr voraus, von welchem sie den für ihre Interessen günstigsten Bericht erhoffen kann. Seine wissenschaftlichen Fähigkeiten, seine Ehrlichkeit und Unbestechlichkeit haben dabei nichts zu tun, wohl aber seine Denkweise, seine Art, die Dinge zu sehen.

Ebenso werde ich in meiner Haltung den Patienten gegenüber durch mein Temperament bestimmt. Es widerstrebt mir, ihnen Ratschläge zu erteilen; ich lasse sie mit Vorliebe selbst ihre Erfahrungen machen, sogar auch unangenehme. Wenn einer eine festere Hand nötig hat, so muß ich ihn zu einem Kollegen schicken, der von Natur aus ganz anders veranlagt ist als ich. Für diesen Patienten verkörpere ich den verstehenden Vater und mein Kollege den gestrengen Vater, zwei Attribute der Vaterschaft, von denen das eine so nötig ist wie das andere, die aber selten in einer Person vereinigt sind.

Ich bin der Überzeugung, daß Gott sich meines Kollegen und meiner selbst und unserer sich ergänzenden Eigenschaften bedienen kann, um seinen Plan zu verwirklichen. Ich denke, daß er uns sogar aus diesem Grunde so verschiedenartig erschaffen hat, und uns deswegen nun den gleichen Patienten anvertraut. Das ist ein Akt des Glaubens, der mich von der Angst vor der Entscheidung befreit: Ich kann der Wahl, die meinem natürlichen Temperament entspricht, zustimmen; denn nur, wenn ich in Übereinstimmung mit meinem Temperament handle, leiste ich die Dienste, die Gott von mir erwartet. Ich werde einem Kranken durch mein Verständnis, meine Geduld, meine Bereitschaft, ihm Vertrauen zu schenken, helfen; ein anderer Arzt jedoch wird ihm mit seiner Strenge helfen, er wird ihm kräftige Herausforderungen entgegenhalten, die sich in meinem Munde schlecht ausnehmen würden.

Auch was die körperlichen Krankheiten anbelangt, behandelt jeder Arzt seine Patienten seinem eigenen Temperament entsprechend. Der eine ist aktiv, kämpferisch und unternehmungslustig veranlagt, er greift immer sofort rasch ein, sei es mit dem Messer, sei es mit Medikamenten in großer Zahl und von starker Wirkung. Wenn einige davon eine nachteilige Nebenwirkung haben, fügt er zum Ausgleich noch einige andere hinzu; und er auferlegt eine strenge Diät mit genauesten Vorschriften. Ein anderer Arzt ist sehr vorsichtig. Er zieht alle Risiken einer Operation oder eines Medikaments in Betracht; er verschreibt sehr wenig und läßt die Natur wirken. Wenn ein Patient ihn auf eine Behandlung aufmerksam macht, mit der einer seiner Bekannten guten Erfolg hatte, so antwortet dieser Arzt, daß die Ansichten darüber sehr geteilt seien, und daß es klüger sei, davon abzusehen.

Ähnlich verhält es sich auch mit den Predigern: Die einen vereinfachen die Dinge; in eindrucksvollen Worten stellen sie Glauben und Zweifel, Tugend und Sünde, christliches Leben und weltliches Leben einander gegenüber. Durch diese schockartige Predigt er-

schüttern sie die starken Seelen, die heroischer Entschlüsse fähig sind; sie treffen radikale und heilsame
Entscheidungen und erklären, daß alles sich seit jenem
Tag in ihrem Leben geändert habe. Aber es gibt fein-
fühlige und ängstliche Seelen, die von einer solchen
Predigt ganz erdrückt werden; sie fragen sich, ob sie
nun wirklich bekehrt seien, da sie ja noch so viele
Sünden und so viele Zweifel in sich entdecken. Diesen
kann durch einen verständnisvollen Seelsorger gehol-
fen werden, der ihnen in Erinnerung ruft, daß im
menschlichen Herzen neben dem guten Samen immer
auch Unkraut vorhanden ist und daß wir alle nur auf
die Gnade Gottes rechnen sollen und nicht auf unsere
Tugenden. Es scheint mir, daß es Gott gefalle, einen
jeden seinen natürlichen Gaben entsprechend zu ge-
brauchen.

Ebenso wird ein Fabrikdirektor – wenn ich einen
solchen Vergleich wagen darf! – die Dienste seiner
verschiedenen Mitarbeiter zu nützen wissen. Dem
einen, der eine dynamische und kampfeslustige Natur
hat, wird er Geschäfte anvertrauen, die kühnes Drauf-
gängertum verlangen. Aber er wird sich hüten, ihm
heiklere Aufgaben zu übergeben, da er weiß, daß ihm
dazu das nötige Feingefühl und die nötige Vorsicht
fehlen. Die Geschicklichkeit eines Vorgesetzten besteht
gerade in dieser Kunst, seine Mitarbeiter den Umständen entsprechend zu wählen, wie ein Organist verschiedene Register zieht, je nachdem, ob er Engels-
stimmen oder eine tiefe Baßstimme benötigt.

Die Mehrzahl der Menschen läßt sich weniger
von Überlegungen leiten als sie meinen. Sie werden

von ihren Leidenschaften getrieben, von Kriegsbegeisterung oder leidenschaftlicher Friedensliebe, von Eifersucht und Machtwille oder von Zweifel an sich selbst und Schüchternheit. Sie sind überzeugt, recht zu haben, die einen, indem sie kämpfen, die andern, indem sie nachgeben. Jene werden uns kaum um Rat fragen, und wenn sie es doch tun, werden sie nur ungern hinnehmen, daß wir ihr Verhalten in Frage stellen. Die Argumente fehlen ihnen nicht, um uns zu beweisen, daß sie vollkommen im Recht sind.

Andere möchten wohl gerne überlegen und nachdenken, aber es fehlt ihnen die Zeit dazu, und das sind oft jene, die die größten Verantwortungen in dieser Welt zu tragen haben. Das hat meinen Pariser Kollegen, Dr. Gross, dazu bewogen, seine Arztpraxis aufzugeben, um sich den Großunternehmern der Industrie zu widmen und ihnen das zu sein, was er einen «Professor des Nachdenkens» nennt. Es war ihm bewußt geworden, wie einsam die Großen dieser Welt sind und wie sie des Partners entbehren, mit dem sie in ein echtes Gespräch eintreten könnten, um die schwierigen Entschlüsse zu erwägen, die sie zu fassen haben. Unter ihren Gegnern, von denen sie verleumdet werden, und unter ihren Anhängern, die ihnen schmeicheln, finden sie niemanden, mit dem sie objektiv ihre Probleme besprechen könnten, um sie mit Überlegenheit zu meistern, anstatt im täglichen Drang der Geschäfte schnell und improvisiert handeln zu müssen.

VI

Das Leben ist voller Rätsel

Es gibt indessen auch viele Menschen, die überlegen, die nachdenken wollen und bestrebt sind, die nötige Zeit und Sorgfalt darauf zu verwenden. Macht das nicht gerade die Würde des Menschen aus, daß er bis zu einem gewissen Grade seine natürlichen Reflexe überwinden kann, um autonome Entschlüsse zu fassen? Gerade für diese Menschen schreibe ich. Sie stellen sich die Frage, ob die Wissenschaft, die Psychologie, die Psychoanalyse, die Philosophie oder Theologie uns klare Normen zur Lebensführung geben können.

Zunächst fragen sie sich, ob ganz freie Entschlüsse möglich sind. Die sich der Schule von Pawlow anschließenden Ärzte halten es nicht für möglich. Sie bestreiten die Aufrichtigkeit eines Menschen, der nach seinem Gewissen urteilt, nicht. Aber sie sind der Ansicht, daß dieses Gewissen selber «bedingt» ist. Es ist die Form, unter der ein Mensch die Gesamtheit der erworbenen Reflexe empfindet, die durch seine Erziehung, durch die gesellschaftliche Beeinflussung, durch die Gewohnheit und alle sittlichen oder religiösen Einflüsse, durch die gelesenen Bücher, durch alle Vorträge, die er gehört, in ihm entstanden sind.

Die der Schule Freuds angehörenden Psychoanalytiker glauben es auch nicht, wenigstens nicht die strenggläubigen unter ihnen. Obwohl sie behaupten, die Erwerbung der Autonomie sei das Ziel der psychoanalytischen Kur, stellen sie die menschliche Seele ganz in Beziehung zum Mechanismus und Determinismus. Und durch ihre Theorie des Über-Ichs führen sie jedes sittliche Ideal auf einen Vorgang der Identifikation zurück. Die Anhänger Jungs unter den Psychoanalytikern lassen wohl einen Finalismus der Seele gelten, ein seelisches Streben geistiger Ordnung, das aber mehr archetypisch und kollektiv ist als persönlich.

Diese Schulen haben uns vor allem aufgezeigt, daß zu all unseren bewußten Determiniertheiten noch sehr starke andere hinzukommen, die teilweise oder gänzlich unbewußt sind und uns, seien wir gesund oder krank, dazu veranlassen, automatisch und immer wieder von neuem mit denselben Reaktionen zu antworten, wie wir es in analogen Situationen während der Kindheit taten. Hier das Beispiel eines Mannes, der sich gegen jede Autorität auflehnt; unaufhörlich ist er in Prozesse verwickelt und verpfuscht sein ganzes Leben durch ständigen Zank und Streit. Das bedeutet nicht, daß er schlechter sei als irgend jemand anders. Er projiziert nur immer wieder den Ödipuskomplex in alles hinein; denn er stand seinerzeit in Gegensatz zu seinem Vater und hat diesen Konflikt nicht zu lösen vermocht.

Ein anderer versteht sich immer gut mit seinen Untergebenen, kann sich aber mit seinen Vorgesetzten nicht vertragen, oder dann ist das Gegenteil der Fall. Wieder ein anderer kann gut mit Frauen umgehen, verträgt sich aber gar nicht mit den Männern, oder auch umgekehrt. Ein Ehemann tyrannisiert seine Frau – und alle Frauen überhaupt –, ohne sich darüber klar zu sein, daß er sich auf diese Weise unaufhörlich am weiblichen Geschlecht rächt, weil beispielsweise seine Mutter seinerzeit seinen Bruder bevorzugt hatte oder weil seine Schwester ihn ständig durch ihren beißenden Spott demütigte. Bei einem andern kann der Grund auch darin liegen, daß seine erste Verlobte ihn schmählich verlassen hatte um eines raffinierteren Rivalen willen.

Hier das Beispiel eines Mannes, der andere sehr gut zu verteidigen versteht, sich selbst aber nicht verteidigen kann. Nach dem Tode seines Vaters führte er alle unerledigten Prozesse von ihm siegreich zu Ende; denn er identifizierte sich mit seinem Vater. Er identifiziert sich auch mit ihm, während er die Interessen seiner Mutter in peinlichen Familienstreitigkeiten wirksam verteidigt. Aber wenn es sich um ihn selbst handelt, ist er voller Angst und Unsicherheit und fühlt sich vor Aufregung wie gelähmt.

So kann denn eine psychoanalytische Kur einen Menschen ändern. Das Bewußtwerden seiner unbewußten Mechanismen befreit ihn von ihrer Herrschaft. Es gelingt ihm, sich zu bejahen, während er bis dahin dazu gänzlich unfähig war. Er vermag sich zu verteidigen, während er es vorher nie gekonnt hatte. Tragischerweise aber kann es nun geschehen, daß er der Gefangene seiner neuen, durch die Psychoanalyse erworbenen Haltung wird, so wie er früher der Gefangene seiner hemmenden Komplexe war. Die Angst, in sie zurückzufallen, macht ihn heute ebenso unfähig nachzugeben, wie er früher unfähig war, sich durchzusetzen.

Seinem eigenen Psychoanalytiker nacheifernd, wird er nun die Leute, denen er begegnet, zu beeinflussen suchen, selbst ohne ihnen etwas zu sagen, und er wird sie zur selben kämpferischen Haltung dem Leben gegenüber mitreißen, wie er selbst sie durch seine Kur gefunden hat. Niemand von uns kann dieser universellen Ansteckung entgehen, die uns dazu treibt, denen nachzufolgen, die wir lieben, und die jene, die uns lieben, in unsere Fußstapfen treten läßt. Jemand, der einen schon mehrmals geschiedenen Psychiater um Rat frägt, bereitet sich bereits innerlich darauf vor, seine eigenen ehelichen Schwierigkeiten durch eine Scheidung zu lösen.

Manche Psychoanalytiker werfen mir vor, daß ich meine Patienten zu sehr beeinflusse und aus ihnen Jünger mache. Ich bestreite es nicht. Es kann sogar vorkommen, daß ein Patient durch Identifikation mit uns nicht nur die Ideen, die wir wirklich vertreten, übernimmt, sondern auch solche, die er uns nur zuschreibt. Ich habe mich lange um ein junges Mädchen gekümmert, das unter schwierigen Arbeitsbedingungen ein hartes Leben zu ertragen hatte. Als es sich entschloß, die Stelle zu kündigen, war ich sehr erfreut. Das Mädchen aber war ganz erstaunt über meine Reaktion. Es hatte erwartet, daß ich seinen Entschluß mißbilligen würde; denn es stellte sich vor, daß ich meinen religiösen Überzeugungen entsprechend zu der Ansicht neigte, es sollte alles ohne Klage ertragen! Die Psychoanalytiker jedoch, ob sie es nun wahrhaben wollen oder nicht, beeinflussen ihre Patienten genauso wie ich, nur geschieht es manchmal mehr oder weniger unbewußt. Wer psychoanalysiert worden ist, wird Anhänger der Psychoanalyse werden und wird leidenschaftlich für sie werben. Er nimmt die psychoanalytische Ausdrucksweise an und nennt den, der sich durchsetzt, einen Sadisten und den, der nachgibt, einen Masochisten. Niemand kann diesen persönlichen Determiniertheiten entrinnen. Die Studie, an welcher ich gerade schreibe, verfasse ich auf meine Weise. Jeder andere Schriftsteller würde sie wieder auf eine andere Art schreiben.

Je größere Fortschritte die Wissenschaft macht, um so mehr bewußte und unbewußte Faktoren werden aufgedeckt, die das Verhalten des Menschen bestimmen und seine Entschlüsse beeinflussen. Je mehr Schulen und psychologische oder soziologische Theorien es gibt, je mehr Beobachtungen und Experimente gemacht werden, um so mehr erkennen wir, wie zahlreich und mächtig diese Faktoren sind, und der Mensch erscheint uns immer mehr als eine von geheimen Mechanismen gelenkte Marionette.

Muß man folglich daraus den Schluß ziehen, daß jede freie Wahl unmöglich ist? Ich bin nicht dieser Ansicht. Ich glaube aber – und das ist nur scheinbar paradox –, daß ein Mensch um so freier wird, je mehr er sich der Macht der äußeren und inneren Faktoren, von denen er abhängt, bewußt wird. Sicherlich handelt es sich nicht um eine Freiheit, wie man sie sich früher vorstellte, eine erworbene Freiheit, die absolut und unbegrenzt ist; es ist eher wie ein Sich-im-Dunkeln-vorwärts-Tasten zu einer stufenweise fortschreitenden Befreiung hin.

Gerade indem wir an uns selbst und an unsern Entscheidungen Kritik üben, indem wir uns unserer ganzen Determiniertheit bewußt werden, die uns eine freie Entscheidung vortäuschen kann, während wir unbewußt von ihr gelenkt werden, kommen wir der wirklichen Freiheit immer näher. Die Wissenschaft lehrt uns wachsam sein; sie offenbart uns die Wichtigkeit der Mechanismen der Rationalisation, die uns täuschen; je mehr wir uns aber ihrer bewußt werden, desto besser können wir uns ihnen entziehen.

Nun ist es aber für alle, die nachdenken wollen, wichtig, daß wir sie auf die Schwierigkeiten dieses Unterfangens aufmerksam machen. Es erfordert eine große Klarheit über sich selbst, und es ist nicht leicht, Einblick in sein Inneres zu gewinnen und richtig zu erkennen, was sich in uns abspielt, wenn wir über eine zu treffende Wahl mit uns zu Rate gehen. Wir können uns nicht mehr auf die Vernunft verlassen, wie man das früher so bereitwillig tat. Und selbst wenn wir andere um Rat fragen, gilt noch die Warnung von Jean-Paul Sartre, die wir nicht außer acht lassen dürfen: Er sagt nämlich, daß wir unsern Ratgeber schon entsprechend dem Rat, den wir zu erhalten wünschen, auswählen.

Daraus folgt, daß wir um so mehr zögern werden, je mehr wir nachdenken. Kürzlich fand in Genf eine Diskussion statt über die Gleichgültigkeit der Intellektuellen an der Politik. Ein Philosoph legte dar, daß ein Mensch, je mehr er durch seine Bildung an Urteilskraft gewinnt, je mehr er Nuancen und Komplexheiten entdeckt, die guten Gründe des «Dafür» und «Dawider», um so unfähiger wird, Partei zu ergreifen, sich irgendwo einzugliedern. Daraus läßt sich die Folgerung ableiten: Wer viel unternimmt, überlegt meistens wenig, und wer viel überlegt, ist im Handeln zurückhaltender.

Gerade um zu versuchen, diesem tragischen Dilemma zu entgehen, befleißigen sich viele zeitgenössische Philosophen, den Kapiteln philosophischen Nachdenkens in ihren Werken andere Kapitel über Gegenwartsprobleme anzuschließen, und manche stürzen sich auch entschlossen in eine politische Tätigkeit. Dies reizt mich auch oft, aber ich bin nicht sehr sicher, daß ich damit Besseres leisten könnte, als mit meinem täglichen Einsatz in meiner Sprechstunde, wo ich den Menschen helfe, in sich selbst klarer zu sehen und sich von ihrer Determiniertheit zu befreien.

Was sehr selten vorkommt und fast wie ein Wunder erscheint, das ist ein autoritärer Mensch, der nachgibt, oder ein Schwacher, der sich durchsetzt. Es ist ebenso schwer, einem Schwachen zu helfen, sich verteidigen zu lernen, wie einem Starken beizubringen, auf seine Stärke zu verzichten. Und dennoch fühlen wir alle, daß nur dadurch ein Mensch wirklich zum Mensch wird, zu dem, was wir Person nennen, wenn es ihm gelingt, über den Determinismus seiner automatischen Reflexe hinauszuwachsen, um zu einer größeren Freiheit zu gelangen.

Ich kann nur wirklich beurteilen, ob ich mich durchsetzen soll oder nachgeben muß, wenn ich auch innerlich ganz frei und bereit bin, sowohl das eine wie das andere zu tun. Diese gleiche innere Bereitschaft zu beiden Haltungen ist die erste Bedingung zu einem ernsthaften Nachdenken. Es ist indessen klar, daß die einfache Überlegung nicht genügt, um gültige Entscheide zu treffen, da wir immer mehr oder weniger unbewußt beeinflußt sind durch unsere Umgebung, unsere Vergangenheit, unsere Vorurteile, unsere Komplexe und unsere Identifikationen.

VII

Der Verzicht des Evangeliums auf Widerstand

Wenn nun das Nachdenken so notwendig, aber gleichzeitig so schwierig und auf alle Fälle immer ungenü-
gend ist, kann man dann vielleicht auf die göttliche
Inspiration zählen? Ja, das glaube ich. Allerdings muß
ich auch hier auf gewisse Schwierigkeiten hinweisen.
Sicherlich fördert die Haltung des Glaubens am ehe-
sten diese Bereitschaft, den einen oder den andern
Weg zu wählen, von der wir eben sprachen. Sein
Leben Gott übergeben das heißt, aufrichtig bereit sein
zu versuchen, jeden Eigenwillen abzulegen, sich von
jedem Vorurteil, jeder vorgefaßten Meinung, jedem
zu natürlichen Reflex zu befreien. Da wir nie vollkommen frei sind und immer von irgend etwas oder
irgend jemandem abhängen, so ist die Abhängigkeit
von Gott sicher das Mittel, um die größtmögliche Freiheit zu erfahren.

Von nun an wird unsere Frage auf eine andere
Ebene verlegt. Es handelt sich nicht mehr darum, sie
durch viele Überlegungen und Analysen unserer
Komplexe zu lösen; es handelt sich nicht mehr darum,
selbst zu entscheiden, ob wir uns durchsetzen oder
nachgeben sollen. Es geht darum zu erfahren, ob Gott
will, daß wir uns durchsetzen, oder ob er will, daß
wir nachgeben in jedem einzelnen Fall, der sich bie-

tet; es handelt sich darum, nach dem Rat Gottes zu suchen.

Aber was ist nun der Wille Gottes? Laufen wir nicht Gefahr, ihm unsere eigenen Ansichten und Urteile zuzuschreiben? Beging man nicht viele Grausamkeiten und Irrtümer in der Geschichte unter der angeblichen Inspiration Gottes? Es gibt keine blinderen Kämpfer als die, die überzeugt sind, Gott selbst habe sie zum Kampf aufgefordert, und keine blinderen Verächter des Kampfes, als die, die glauben, Gott selbst befehle ihnen nachzugeben.

Die Theologen weisen auf die Gefahren des scheinbaren Sich-erleuchtet-Fühlens hin. Nun sucht man objektivere Hinweise über den Willen Gottes in der Bibel. Unglücklicherweise lesen wir alle die Bibel mit einer durch unsere eigenen Temperamente gefärbten Brille. Die Angsterfüllten sehen in der Bibel nur die Drohungen der ewigen Qualen und halten sich für verdammt. Die Sorglosen sehen nur die Verheißungen der unendlichen Gnade Gottes und glauben, daß am Schluß schon alles in Ordnung kommen werde. Die größten Heiligen haben in die Auslegung der Bibel ihre Komplexe mit hineinprojiziert. Ch.-H. Nodet[4] zeigte es beim Heiligen Hieronymus auf, der gerade am meisten dazu beigetragen hat, die Bibel zu verbreiten und zur Geltung zu bringen.

Die Psychologen bekommen viele Schwachen zu Gesicht, die ihre Schwachheit als christliche Tugend

[4] *Charles-Henri Nodet:* Position de Saint Jérôme en face des problèmes sexuels. Etudes Carmélitaines: «Mystique et Continence», p. 308, Declée de Brouwer.

auffassen und sie mit biblischen Sprüchen rechtfertigen. Vergeblich werden wir ihnen zeigen, daß sich hinter ihrer Milde und scheinbaren Selbstverleugnung eine verdrängte, schlimme Aggressivität verbirgt, die sich nun gegen sie selbst gewendet hat. Vergeblich werden wir ihnen verkünden, daß, wer nicht wagt, seinen Haß zum Ausdruck zu bringen, auch nicht fähig ist, wirklich zu lieben. Vergeblich werden wir ihnen sagen: «Vorwärts, setzen Sie sich durch, verteidigen Sie sich!» Diese frommen Patienten denken an gewisse Stellen in den Evangelien, wo wir dazu aufgefordert werden, uns dem Bösen nicht zu widersetzen, die linke Wange dem hinzuhalten, der uns auf die rechte geschlagen hat, unsern Mantel dem zu geben, der uns den Rock genommen hat, zwei Meilen mit jemandem zu gehen, der uns genötigt hat, ihn eine Meile zu begleiten (Matthäus 5, 38–42; Lukas 6, 27–35).

Man kann diese Abschnitte nicht einfach aus der Bibel streichen, ebenso wenig wie die andern, wo von der Hingabe jeden Besitzes die Rede ist, und auch nicht das Beispiel Christi selbst, der vor Pilatus stillschwieg und ohne zu klagen die Geißelungen, den Spott und die Beschimpfungen ertrug. Unwiderlegbar ist auch das Beispiel der Märtyrer und das eines Heiligen Franz von Assisi, der auf diesem Weg der Armut und des Verzichts auf Widerstand allen Beleidigungen gegenüber einen hohen Grad an Geistigkeit und seelischer Größe erreicht hat.

Der Apostel Paulus kommt im Brief an die Römer (Kap. 12, 17–21) auf dieses Thema vom Verzicht auf

Widerstand zurück und zitiert diesen seltsamen Satz von den feurigen Kohlen, die wir auf das Haupt des Feindes sammeln, wenn wir uns ihm nicht widersetzen. Wahrscheinlich ist dieser im ersten Augenblick wenig barmherzig anmutende Ausspruch eine Anspielung auf die Gewissensbisse, die durch unsere Güte im Schuldigen erweckt werden und die ihn auf den guten Weg zurückbringen können. Es ist auf alle Fälle die Rache – ein Automatismus! –, die in erster Linie verurteilt wird.

In ihren erläuternden Anmerkungen zu diesen Texten erklärt die Bibel von Jerusalem: «Jesus verbietet, sich zu rächen, aber er verbietet keineswegs, das Böse in dieser Welt zu bekämpfen.» Das mag sein, aber damit wird das Problem nicht ganz gelöst: Denken wir nur an all die Grausamkeiten, die in der Geschichte zu Unrecht begangen wurden, unter dem Vorwand, das Böse in dieser Welt zu bekämpfen.

Sicher ist die Rache ein schlimmer Teufelskreis. Jeder Sieg erzeugt beim Besiegten ein Verlangen nach Vergeltung, eine Verstocktheit, die ihn dazu bestimmen wird, noch ärgere Ungerechtigkeiten zu begehen. Schon das Gesetz des Talion «Auge um Auge», im Alten Testament, bildete einen großen Fortschritt, da es verbot, dem andern mehr Schaden zuzufügen, als man selbst erlitten hatte. Jesus ging einen Schritt weiter, um die fatale Verkettung der Rache zu durchbrechen, indem er verbot, Schlag mit Schlag zu vergelten. Und er fügte hinzu: «Euer Lohn wird groß sein.»

Die Marxisten haben das Christentum angeklagt,

an allen Ungerechtigkeiten mitschuldig zu sein, da es den Opfern eine Belohnung im Jenseits in Aussicht stellt. Aber es ist ganz klar, daß Jesus in den angeführten Texten von einer jetzigen Belohnung spricht, von einer Freude, die man findet, wenn man sich der Widerrede enthält, und von einem Reichtum, den man schon hienieden finden kann, wenn man auf die irdischen Güter verzichtet. Und wir können in dieser Freude sehr gut die Auswirkung einer Befreiung von den natürlichen Automatismen der Rache sehen. «Die Rache ist mein; ich will vergelten», spricht Gott (5. Mose 32, 35). Der Verzicht auf Rache ist ein Akt des Glaubens in die Gerechtigkeit Gottes.

Dieses Auseinanderhalten von Kampf und Rache ist also wichtig. Es gehört zur Perspektive der ganzen Bibel, die sich weniger mit dem bloßen Verhalten des Menschen befaßt, als mit den dahinterliegenden tieferen Beweggründen. Darin stimmt sie voll und ganz mit der modernen Psychologie überein, die stets von den Handlungen auf die Motivationen zurückgreift. Die Frage, ob man sich durchsetzen oder nachgeben soll, würde nach biblischer oder psychologischer Auffassung gestellt eher lauten: Welches sind die Motive, die dich zum Durchsetzen oder Nachgeben veranlassen? Man kann kämpfen, um sich zu rächen, aber man kann es auch ohne Rachsucht tun, und ebenso kann beim Nachgeben Rachsucht mit im Spiele sein oder auch nicht.

Es sind bei dieser Gelegenheit noch zwei andere Dinge auseinanderzuhalten: der Verzicht auf Gewalt und das Aufgeben des Kampfes, die Kapitulation. Die

Gewaltlosigkeit eines Gandhi oder eines William Penn ist keineswegs der Kapitulation gleichzusetzen. Ganz im Gegenteil! Sie ist eine wirksamere Methode, um dem andern seine Überzeugung aufzuzwingen, als Gewalt. Das konnte man beim Sieg Gandhis über das Britische Reich sehr gut erkennen. Auch in der heutigen Zeit identifiziert man das Evangelium ganz allgemein mit der Schwachheit und der Kapitulation, und zwar sowohl unter den Christen wie unter ihren Gegnern. Und diese Interpretation veranlaßt viele Gläubige zu einer Haltung der Entsagung, die bis zur Neurose führen kann.

In einem Abschnitt von Jesaja, der als Hinweis auf den Messias verstanden wird, ruft der Diener Jahwes aus: «Den Rücken bot ich denen, die mich schlugen, und die Wangen denen, die mich rauften... Darum machte ich mein Angesicht kieselhart...» (Jes. 50, 5–7). Hier wie in der Passion Christi selbst ist es ganz klar, daß dieses Stillschweigen unter Schmach und Beschimpfung keineswegs Schwachheit bedeutet. Das Wort «kieselhart» bringt es sprechend zum Ausdruck. Niemand war heroischer als Jesus. Die Bibel zeugt davon, wie er immer wieder beispielhaft Widerstand leistet: Er widersteht dem Teufel; er widersteht den Mächtigen dieser Welt; er widersteht selbst den Seinigen, seiner Mutter oder seinen Freunden, wie zum Beispiel dem Apostel Petrus, als dieser ihn vom Weg des Kreuzes abhalten will. Er spricht von den Kämpfen, die seine Person hervorrufen wird: «Ich bin gekommen, ein Feuer auf die Erde zu bringen» (Lukas 12, 49). Niemals weicht Jesus einen Fußbreit vor den

Angriffen der Pharisäer zurück. Bei anderer Gelegenheit handhabt er die Peitsche.

Immer bringt der Glaube starke Persönlichkeiten hervor, die selbst das Ringen mit Gott nicht fürchten. So Jakob, zu dem der Engel sagte: «Du hast mit Gott und mit Menschen gestritten und hast obgesiegt» (1. Mose 32, 23–32). Und Gideon, der an sich selbst zweifelt und an den Wundern, die er sieht, und zu dem gesagt wird: «Gehe hin in dieser deiner Kraft...» (Richter 6, 14). Und Amos, der kleine Hirte, der dem König und seinem Hof standhält; und alle Propheten, die unerbittlich ihre Stimme erheben! Und der Apostel Petrus: Er unterlag zwar in einer bedrohlichen Situation und ging bis zur Verleugnung, aber später wird er sich dem Sanhedrin gegenüber durchsetzen und ausrufen: «Man muß Gott mehr gehorchen als den Menschen» (Apostelgeschichte 5, 29). Und der Apostel Paulus in Mazedonien, der, als er hörte, daß die Hauptleute ihn heimlich freilassen wollten aus dem Gefängnis, in das sie ihn geworfen hatten, ausrief: «Nicht also, sondern lasset sie selbst kommen und uns hinausführen!» (Apostelgeschichte 16, 37). Er erzählt auch, wie er dem Apostel Petrus einmal in Antiochien widerstanden hat (Gal. 2, 11). Man müßte hier noch die ganze Kirchengeschichte erwähnen, ihre Märtyrer, ihre Helden, ihre Heiligen bis hin zu dem sanftmütigen Heiligen, Franziskus von Assisi, der sich seinem Vater und später dem Papst widersetzt hat.

Was läßt sich daraus folgern? – Jeder kann biblische Abschnitte zitieren, um seine Haltung und seine Komplexe zu rechtfertigen. Aber jedenfalls hat man nicht das Recht, Christentum und Schwachheit miteinander zu identifizieren, zu glauben, daß die Bibel immer zum Nachgeben aufruft. Die biblische Botschaft verkündigt die unendliche Größe Gottes, der all die unbedeutenden Grundsätze, all die Normen, die wir immer aus seiner Botschaft ableiten möchten, weit überragt. Was in den Augen der Bibel für richtig gilt, das ist weder das eine noch das andere, weder sich durchsetzen noch nachgeben, sondern tun, was Gott will, und wann er es will, das heißt, wir sollen ganz von ihm abhängen und nicht von einem moralischen Kodex. Die Erzählung des Sündenfalls sagt es ganz deutlich: Die große Versuchung für den Menschen ist, von sich aus wissen zu wollen, was gut und was böse ist, ob es besser ist, sich durchzusetzen oder nachzugeben, ohne Gottes Ratschläge mehr nötig zu haben. Die Bibel ist voll von Berichten über Kämpfe und Kriege, die von Gott befohlen wurden, zum großen Ärgernis frommer Seelen.

VIII

Die göttliche Inspiration

Nach der Niederlage der Vernunft haben wir hier
nun die Niederlage der Moral, sogar einer Moral, die
man aus der Bibel zu entnehmen glaubte. Wer kann
uns in jeder Lage zeigen, ob wir uns durchsetzen
sollen oder nachzugeben haben? Gott allein. Vernunft,
Wissenschaft, Psychologie, Moral, Theologie können
uns dabei helfen, aber nur bis zu einem gewissen
Grade und indem sie sich Gott unterordnen. Wir können unserer immer wieder auftauchenden, schwierigen
Frage nicht entgehen. Das würde übrigens heißen,
daß wir der Verantwortlichkeit gegenüber Gott ausweichen wollten. Wir sind vor ihm verantwortlich
für unsere Entscheidungen und für unser Verhalten,
verantwortlich für unsern Gehorsam oder Ungehor-
sam, trotzdem es so schwierig ist zu wissen, welches
sein Wille in jeder konkreten Lage sei. Das ist das
Drama unserer menschlichen Situation, und wir können uns dem nicht entziehen.

Können wir also auf eine direkte göttliche Inspiration zählen? Ja, ich glaube es. Ich habe immer einige
Mühe, die Christen zu verstehen, die das bestreiten.
Denn die Bibel ist erfüllt von solchen Inspirationen:
angefangen beim Alten Testament; denken wir nur an
die Berufung Abrahams: «Ziehe hinweg aus deinem
Vaterlande . . .», oder an Moses vor dem brennenden

Busch und all die andern Zeichen des Himmels, an das auf dem Sinai diktierte Gesetz, an die Berufung aller Propheten, denen Gott sagte, was sie zu sprechen und zu tun hatten, bis hin zu den Evangelien und der Apostelgeschichte des Neuen Testaments, wo wir von der ruhigen Gewißheit hören, mit der Jesus sich von seinem Vater führen läßt, und von Joseph und Paulus vernehmen, zu denen Gott durch Träume geredet hat... Denken wir ferner an alle Erfahrungen der Gläubigen aller Zeiten und bis in unsere Tage.

Ja, ich bin überzeugt davon, daß dieses Suchen nach direkter göttlicher Inspiration der Weg zu größtmöglicher Freiheit ist. Aber auch hier noch werden unsere Schwierigkeiten wieder zum Vorschein kommen. Ich habe immer noch Pfarrer Shomaker aus New York vor Augen, wie er einmal mit seiner gewaltigen Stimme ausrief: «Wenn wir eine verschlossene Türe finden, müssen wir uns immer fragen, ob Gott uns damit den Weg versperren will, oder ob er will, daß wir den Durchgang erzwingen!»

Aber wie können wir das wissen? Das ist nicht leicht. Man täuscht sich oft. Selbst die Kenntnis der Bibel, selbst ein Seelsorger oder ein Psychotherapeut, wenn sie uns auch manches klarer zu machen vermögen, können uns doch nicht die Aufgabe ersparen, in irgendeinem Bibelvers oder in einem ihrer Ratschläge wenigstens selbständig die Stimme Gottes zu erkennen. Wir können sogar mit unserm Gehorsam nicht einmal warten, bis wir ganz sicher sind, richtig gehört zu haben; denn indem wir von Gehorsam zu Gehorsam schreiten, lernen wir, Gott besser zu verstehen. Und trotz all unserer Irrtümer gibt es doch nichts Fruchtbareres als dieses Vertrauen in die göttliche Inspiration.

Ja, ich habe es erlebt, wie Männer, die eine durchaus kämpferische Natur besaßen, plötzlich auf wunderbare Weise durch göttliches Eingreifen nachgaben, und wie andere, die von Natur aus zum Nachgeben neigten, unter göttlicher Inspiration unbeugsam wurden. Und gerade weil es übernatürlich war, brachte es reiche Früchte. Eine Parole, in der stillen Sammlung vor Gott empfangen, kann uns bisweilen besser leiten als unsere weisesten Überlegungen.

Und das nicht nur in sogenannt geistigen Fragen, wie man das oft gerne annimmt, sondern in ganz konkreten und materiellen Dingen; denn Gott trennt nicht die einen von den andern. Ich erinnere mich noch gut an den einzigen Umstand in meinem Leben, wo ich gegen eine wichtige Persönlichkeit einer Bank eine Streitfrage zu verteidigen hatte, bei der es um einen bedeutenden finanziellen Einsatz ging. Ich war meines guten Rechts gewiß, er jedoch verfügte über starke Druckmittel gegen mich. Ich schlug ihm eine Zusammenkunft in Gegenwart eines Notars vor.

Einem so gewandten, starken und in solchen Kämpfen so erfahrenen Mann gegenüber fühlte ich mich sehr klein. Da sammelte ich mich in der Stille, und dabei kamen mir zwei Worte in den Sinn, die ich in mein Heft niederschrieb: «Festigkeit und Lächeln.» Mein Gegner begann mit dem Versuch, mich mit allen möglichen Drohungen und Erpressungen einzuschüchtern. Ich aber hatte meine Parole: «Festigkeit», und ich blieb unbeugsam. Da ließ er sich, im höchsten Grade erbittert, zu heftigstem Zorn hinreißen. Aber ich erinnerte mich meiner zweiten Parole und bewahrte unerschütterlich mein Lächeln.

Als ich wegging, flüsterte mir der Notar ins Ohr: «Sie haben gewonnen.» Wirklich erhielt ich einige Tage später Vorschläge, die für beide Parteien annehmbar waren. Diese Parolen, kamen sie von Gott? Ich kann es nicht bestätigen, aber ich glaube es. Der Glaube wäre kein Glaube mehr, wenn nicht trotz aller inneren Gewißheit doch gleichzeitig auch irgendeine Ungewißheit fortbestehen würde. Ja, ich glaube, daß Gott zu uns sprechen und uns sicherer führen kann als unser logisches Denken. Und dennoch hatte ich ernste Konflikte mit Freunden, die ebenso wie ich an die göttliche Inspiration glaubten und sie ebenso aufrichtig wie ich suchten. Das ist das Problem, das uns demütigt und uns die dunklen Schwierigkeiten unserer menschlichen Lage offenbart.

Wer nicht an die göttliche Inspiration glaubt und sich an moralische Gesetze hält, hat es leichter im Leben, und ebenso die, deren Glaube so naiv ist, daß sie überzeugt sind, sich nicht zu täuschen in dem, was sie in der Andacht aufschreiben. Ich für mein Teil glaube, daß es nichts Wertvolleres gibt als das Suchen nach göttlicher Inspiration, aber zugleich halte ich es auch für möglich, daß wir uns sehr oft dabei täuschen.

Nichts kann in größerem Ausmaß dazu beitragen, uns von unsern Automatismen, unsern Vorurteilen und unsern Komplexen zu befreien als eine göttliche Inspiration, die in unser Denken einbricht und dabei alles umstürzt. Wir werden uns jedoch nie rühmen können, wirklich bereit und aufnahmefähig für den Willen Gottes zu sein. All diese Mechanismen, die wir erforschten und die unser logisches Denken stören, gehören zu unserer Natur, und sie treten auch bei unserm Suchen nach Gott in Erscheinung. Niemals können wir uns ihm nähern, frei von allem, was uns begrenzt, und das betrifft auch das Bild, das wir uns von ihm machen; es wird immer entstellt und in seinen Ausmaßen zu klein sein. Sehr oft halten wir unsere eigenen Gedanken oder die Impulse unseres Unbewußten für einen Anruf Gottes!

Kein Buch über Theologie oder Moral, so sehr es auch inspiriert sein mag, kann diese ungeheure Entfernung überbrücken, die uns kleine Menschen von der unfaßbaren Größe Gottes trennt. Jesus Christus allein hat diesen Graben übersprungen, aber in umgekehrter Richtung, indem er seine göttliche Majestät ablegte, um ganz Mensch zu werden. Er allein wußte immer, wann es galt, sich durchzusetzen und wann er nachgeben mußte. Und selbst für ihn war es nicht möglich ohne große Treue in der Meditation, im Fasten und im Beten. Deshalb besteht das Christentum nicht so sehr in einer Gesamtheit von Grundsätzen als in einer innigen Verbindung mit der Person Jesu Christi. Durch ihn und in der Gemeinschaft mit ihm ist es uns jedoch möglich, bisweilen ein kleines Angeld der Gnade zu empfangen, etwas von dem Licht zu sehen, das echter und wertvoller ist als die ganze menschliche Wissenschaft.

Wir können nichts anderes tun als den Versuch

wagen: den Versuch, aufrichtig ein von Gott geführtes Leben zu führen; wenn wir nämlich von Anfang an schon ganz überzeugt sein wollen von der Echtheit einer Inspiration, werden wir in die Ratlosigkeit zurückfallen, von der wir bereits gesprochen haben. Wer sich nicht getraut, das Wagnis einzugehen, sich im Willen Gottes zu täuschen, wird nie in tiefere Beziehung zu ihm treten. Denn im Gehorsam und sogar durch unsere Irrtümer erreichen wir größere Klarheit, vorausgesetzt, daß wir rückblickend unser Verhalten vor Gott ehrlich prüfen. Er bleibt immer ein verschleierter Gott, dem wir uns nur im Finstern tastend nähern können.

Darum sind die Kirchen so wenig imstande, der Menscheit klare Richtlinien in weltlichen Belangen zu erteilen, ja sogar zur praktischen Regelung kirchlicher Dinge wissen sie wenig zu sagen! Als ich diese Studie vorbereitete, bat ich einen Theologen, der große Sachkenntnis auf ethischem Gebiet besitzt, um seinen Rat. Wir verbrachten einen sehr angenehmen und interessanten Abend miteinander, während wir diese Fragen besprachen. Er wies mich auf die biblischen Stellen hin, die ich oben anführte.

Doch im Weggehen gestand er mir, er habe erwartet, daß ich ihn über seine Haltung in den Konflikten befragen würde, die die Kirche selbst spalten. Er hat innerhalb der Kirche eine leitende Stellung inne, die in andern Konfessionen ungefähr dem Amt eines Bischofs entsprechen würde. Und er erzählte mir, wie sehr er in Verlegenheit sei bei den meisten dieser Konflikte und Mühe habe zu entscheiden, wann er sich durchsetzen und wann er nachgeben müsse. Wieviel schwieriger ist es noch für die Kirche, wenn es sich um politische, wirtschaftliche oder wissenschaftliche Probleme handelt, die den Theologen fremd sind.

Man begreift daher, daß die meisten Kirchen im Laufe der letzten Jahrhunderte sich ganz auf das Gebiet der religiösen Fragen zurückgezogen haben. Wir sprachen davon zu Beginn unserer Studie und erwähnten Dr. Eberhard Müller, der, um etwas dagegen zu unternehmen, die Akademie von Bad Boll gründete. Viele Christen vertreten noch die Ansicht, daß die Kirchen sich nicht aus ihrem eigentlichen religiösen Gebiet herauswagen sollten, und daß sie nicht zuständig genug seien, um über weltliche Probleme zu diskutieren, und dadurch Gefahr laufen würden, schwere innere Spaltungen zu erleiden.

Dennoch ist die entgegengesetzte Bewegung, die durch die Evangelischen Akademien vertreten wird, eine universale. Gott kümmert sich nicht nur um die Theologie. Er hat die Welt erschaffen, und er regiert sie. Seine Kirche soll einen durch ihn inspirierten Einfluß auf das gesamte Leben ausüben, auf das Berufs- und Geschäftsleben und auch auf die Politik. Die letzten Päpste haben Enzykliken erlassen, die sich mit diesen Fragen beschäftigen. Es wurde die Katholische Aktion gegründet, die die Laien zum Studium ihrer Probleme versammelt.

Wie können wir unsern Glauben in unserem Beruf zur Anwendung bringen? Ich spreche sehr oft mit meinen Patienten darüber, und ich fühle, wie sehr sie in dieser Frage einer Hilfe bedürfen. Ich sehe auch, wie schwer es ist, eine Antwort zu finden, weil man so lange bestrebt war, die religiösen und die technischen Bereiche durch eine undurchlässige Scheidewand voneinander zu trennen. Es wird noch einer großen Anstrengung bedürfen, um unser gewohnheitsmäßiges Denken zu ändern. Das wird mir in den zahlreichen ärztlichen Zusammenkünften bewußt, an denen ich teilnehme. Sie sind immer interessant und ansprechend, aber eine wirkliche Synthese zwischen Glaube und Wissenschaft ist erst langsam im Entstehen begriffen: Wenn man von Medizin spricht, ist kaum mehr vom Glauben die Rede, und wenn man von religiösen Fragen spricht, ist kaum mehr von Medizin die Rede.

Der Ökumenische Rat der Kirchen hat eine Kommission für Internationale Angelegenheiten berufen. Die Kirchen können allerdings einige Grundwahrheiten proklamieren, über die sich alle Welt so ziemlich einig ist. Aber sobald es sich darum handelt, auf technische Einzelheiten einzutreten, fehlt den Kirchen die nötige Sachkenntnis, die innere Einstimmigkeit und die notwendige Autorität, um erfolgreich zur Welt sprechen zu können. Wann gilt es, sich durchzusetzen, und wann muß man nachgeben in den großen politischen, wirtschaftlichen oder sozialen Problemen, wie beispielsweise dem Problem des obligatorischen Militärunterrichts, der internationalen Konflikte, der Emanzipation der Völker, der staatlichen Planwirtschaft und vielen andern? Wir finden im Schoße der Kirchen dieselben Diskussionen wieder, die die Welt spalten, und dieselbe Unsicherheit.

Die Kirchen erscheinen gewissen Völkern sogar als höchst traditionsgebundene Einrichtung, ganz durchdrungen von Vorurteilen und keineswegs dazu fähig, neue, kühne Lösungen auszudenken. Ja, die Instinkte, die unbewußten Faktoren, die wir untersuchten, spielen eine noch unerbittlichere Rolle in den Kollektivitäten als beim Individuum. Die Opfer, die ein Mensch auf sich zu nehmen bereit ist, wenn Gott ihn dazu beruft, könnten nicht von ganzen Völkern oder sozialen Klassen verlangt werden. Man ist wohl genötigt, mit Brunner einen Unterschied zu machen zwischen dem Bereich der Liebe und dem Bereich des Rechts, welch letzterer allein dazu da ist, die sozialen Angelegenheiten zu regeln.

IX

WENN GOTT SCHWEIGT

Die eifrigsten Christen, die, die am unerschütter-
lichsten an die Möglichkeit und an den unvergleich-
lichen Wert der göttlichen Inspiration glauben, sammeln sich folglich in der Stille, um Gott in ihrer Ratlosigkeit zu befragen. Auch ich pflege das zu tun. Aus
ganzem Herzen suchen wir sein Licht. Wir verachten
die Hilfe der Vernunft, der Wissenschaft, der Psychoanalyse nicht, aber wir sehen ihre Grenzen. Wir legen
Gott unsere Fragen vor und möchten gerne eine Antwort von ihm. Sollen wir nachgeben oder müssen wir
uns durchsetzen? Und meistens antwortet Gott nicht.

Das ist für viele Gläubige eine Tragik. Mit dem leb-
haftesten Verlangen, Gott zu gehorchen, können sie
während Jahren aus aufrichtigem Herzen und unter
Tränen betend die Frage an ihn richten, wie sie sich
in dieser oder jener Angelegenheit verhalten sollen,
ohne eine Antwort zu bekommen. Sie sehen in ihren
Problemen nicht klarer als die Ungläubigen. Und dennoch gibt es bei Gott stets eine Lösung, aber sie ist
fast immer ganz verschieden von dem, was wir er-
warteten. Diese Erfahrung mache ich täglich in meiner
Sprechstunde mit den Menschen, die mit ihren Lebens-
problemen zu mir kommen.

Das möchte ich jetzt näher zu erklären versuchen.
Gerade jene Menschen, die mich aufsuchen, stellen

mir allesamt Fragen, auf die ich keine Antwort weiß. Der eine beispielsweise hält es fast nicht mehr aus unter der Tyrannei eines eifersüchtigen Vorgesetzten im Büro: Muß er dieses tägliche Martyrium auf sich nehmen, oder soll er kündigen und dadurch die Sicherheit seiner Familie aufs Spiel setzen? Selbst wenn er eine andere Stelle fände, würde er doch die Lohnzulage, die er für seine in treuer Pflichterfüllung geleisteten langjährigen Dienste erhält, verlieren. Er beschäftigt sich gerade mit Bauprojekten für ein kleines Haus, und seine Frau freut sich schon sehr darauf. Er müßte auch diesen Plan aufgeben, aber das Leben im Büro ist unerträglich geworden.

Ein junges Mädchen wiederum ist beherrscht von einer selbstsüchtigen Mutter, die ihre Tochter immer noch wie ein kleines Kind behandelt. Diese kann keine Freundin besuchen, ohne die Mutter vorher um Erlaubnis zu fragen, und sie muß ihr über alles Rechenschaft ablegen, was sie tut. Und dann ist diese Mutter so kleinmütig und sieht nichts als Katastrophen voraus. Sie verletzt ihre Tochter durch ständiges Ermahnen und Mangel an Vertrauen, denn sie hält sie nicht für fähig, ein selbständiges Leben zu führen. Wenn die Tochter sich ihr widersetzt, kommt es zu schrecklichen Szenen, die um so beunruhigender sind, da die Mutter herzleidend ist. Aber wenn sie nachgibt, treibt sie die Mutter immer mehr in diese despotische Haltung hinein. Und dann ist diese Mutter noch geschieden und sieht es sehr ungern, daß die Tochter ihren wiederverheirateten Vater öfters besucht. Muß die Tochter ihrer Mutter diese Besuche verheimlichen?

Hier noch das Beispiel eines Mannes, der sich leichtsinnig in ein Verhältnis mit einer andern Frau eingelassen hat. Er kann selbst nicht recht sagen, wie das so unmerklich gekommen ist, und er fühlt sich schuldig, mehr noch seinen Kindern als seiner Frau gegenüber. Wenn ihnen das zu Ohren käme! Er möchte gerne mit jener andern Frau brechen. Aber das wäre feige, sagt er sich: das hieße sich seine Ruhe erkaufen, indem er dafür seine Geliebte in Verzweiflung stürzte, die ihm doch eine so rührende und großzügige Liebe entgegengebracht hatte. Er fürchtet sogar, daß sie sich etwas antun könnte. Und seine Frau, die schon einen leisen Verdacht geschöpft hat? Muß er ihr offen alles eingestehen? Er ist nicht sicher, daß sie das ertragen würde; denn sie ist sehr empfindlich, ein wenig wie ein verwöhntes Kind.

Ich könnte natürlich noch manches Beispiel anführen. Immer sprechen diese Männer und Frauen zu mir von dem Dilemma, vor dem sie stehen, und möchten gerne, daß ich es löse, daß ich die Rolle eines Schiedsrichters übernehme. Aber wenn ich einen Rat gäbe, würde ich sie ihrer Verantwortung entheben; ich würde aus ihnen unmündige Wesen und nicht vollwertige Menschen machen. Und dann, wer bin ich denn, daß ich mir erlaube, einen Rat zu erteilen? Kenne ich je eine Lage oder einen Menschen wirklich ganz?

Übrigens sind Ratschläge wirkungslos. Wenn ein Schwacher beispielsweise einmal auf einen Rat hin, den man ihm gegeben hat, sich zu verteidigen versucht, benimmt er sich dabei so ungeschickt und unsicher oder auch brutal, daß er niemanden überzeugt. Er wird daher nur einen noch heftigeren Gegenangriff auslösen, der ihn zum Rückzug zwingt. Seine Niederlage ist schlimmer als vorher. Nehmen wir als Beispiel eine Mutter, deren Kinder sich streiten. Das ältere, ein Knabe, kommt zu ihr und beklagt sich weinerlich, daß seine Schwester ihm die Spielzeuge wegnehme. «Verteidige dich doch», sagt die Mutter, «anstatt zu weinen! Du bist groß genug dazu!» Sofort stürzt sich der Knabe auf sein kleines Schwesterchen und schlägt es so heftig, daß die Mutter eingreifen muß, um dieses zu beschützen und den Knaben zu schelten.

Was soll man denn nun tun, wenn der Konflikt, von dem ein Mensch uns erzählt, unmöglich gelöst werden kann und wenn jeder Rat vergeblich ist? Tatsächlich drehen wir uns unaufhörlich im Kreis herum, solange wir nur über das Problem diskutieren, das diesen Menschen so beschäftigt und quält. Es ereignet sich nichts. Aber nun kann es geschehen, daß wir eines Tages, ohne daß wir es uns vorgenommen hätten und selbst ohne zu wissen, wie es kam, in unserer Unterredung auf ganz andere Probleme zu sprechen kommen. Es genügt ein kleines Nichts: irgendein banaler Zwischenfall, ein Mißverständnis zwischen uns oder ein Vergessen, die leise Spur eines Urteils, so daß wir zu einer freimütigen Erklärung genötigt sind, oder auch eine unterhaltende Anekdote, die ich gerade selbst erlebt habe, und die ich ihm erzähle, indem ich mich für diesen kleinen Exkurs entschuldige.

Und siehe, das Klima ändert sich. Wir diskutieren nicht mehr über sein Problem; wir fangen an, uns innerlich näher zu kommen; wir entdecken, daß wir gemeinsame Schwierigkeiten, gemeinsame Ziele haben, daß eine gewisse, unerklärliche seelische Resonanz zwischen uns besteht. Man nennt das mit einem Fachausdruck «Übertragung» und «Gegenübertragung»; ich habe nichts dagegen. Aber die Hauptsache ist das, was tatsächlich geschieht: es geschieht etwas zwischen uns, es geschieht etwas in mir selbst, es geschieht etwas in ihm.

Läßt sich das noch in die Psychologie einreihen? Ich glaube, daß es schon darüber hinausgeht; denn es ist nicht mehr ein technischer, objektiver, wissenschaftlicher Vorgang. Es ist für jeden von uns beiden ein subjektives Geschehen, es ist etwas dem Menschen eigentümliches, ein geistiges Ereignis. Wir stehen uns nicht mehr als die selben gegenüber wie vorher. Ein starkes Band verbindet uns. Dieser Mensch fühlt sich weniger allein; er hat nicht mehr so viel Angst. Sein Problem lastet plötzlich weniger schwer auf ihm; er kann über viele andere Dinge mit mir sprechen. Er hat nicht nur liebevolles Verständnis bei mir gefunden, sondern auch eine gewisse Gemeinschaft, wonach sich alle Menschen sehnen.

Ohne daß er es merkt, ändert sich auch seine Haltung im Leben. Es kommt ihm so vor, als ob die andern sich änderten. Wenn das Kind heranwächst, hat es den Eindruck, daß die Welt kleiner werde. Der tyrannische Bürochef, unter dem mein Klient so zu leiden hatte, fängt plötzlich an, über seine eigenen Probleme zu ihm zu sprechen. Mein Mann ist ganz erstaunt; er hatte keine Ahnung von diesen Problemen seines Chefs, und er beginnt nun zu verstehen, warum dieser Vorgesetzte so eifersüchtig war; er hat jetzt etwas aus seinem Privatleben erfahren und weiß, wie sehr er gelitten hat.

Eine gegenseitige Sympathie ist zwischen dem Chef und seinem Angestellten entstanden, die sich früher nicht leiden konnten, eine Sympathie, die die Atmosphäre des ganzen Büros ändern wird. Einige Tage vorher wäre ihnen beiden eine solche Entwicklung der Lage unvorstellbar gewesen. Auf der Stelle verschwindet das Dilemma meines Klienten. Schweigend alles erdulden oder weggehen und hinter sich die Türe zuschlagen? Weder von dem einen noch von dem andern ist mehr die Rede. Der Konflikt ist verschwunden, weil die Menschen sich geändert haben.

Etwas Ähnliches kann dem jungen Mädchen geschehen, das eine so herrschsüchtige Mutter hat. Diese Tochter hätte nichts lieber gesehen als eine Änderung im Verhältnis zwischen ihr und ihrer Mutter, aber sie wußte nicht, was sie tun sollte, um das zu erreichen. Ich hatte keine Antwort darauf. Aber nun, da sie offen mit mir darüber sprechen und ihren Tränen freien Lauf lassen konnte und sich auch noch über manch andere, viel geheimere und persönlichere Dinge zu eröffnen vermochte, fühlte sie sich erleichtert. Sie ist nun in ihren Gefühlen auch nicht mehr so zwischen ihrem Vater und ihrer Mutter hin und her gerissen; denn sie wächst innerlich und wird mündig. Eines Tages erzählte sie mir, daß sie wieder zu beten begonnen habe, und sie fügte hinzu, daß sie wohl wisse, warum sich ihr Verhältnis zu Gott getrübt habe; sie hätte es ihm nachgetragen, daß er sie in einer ausweglosen Situation stecken ließ, ohne ihr zu helfen. Und siehe da, auf einmal wurde sie gewahr, wie ihre Mutter sie zu respektieren begann. In einer seltsamen Vertauschung der Rollen sucht diese Mutter nun bei ihrer Tochter eine Stütze und frägt sie um Rat; denn sie fühlt in ihr eine beruhigende Kraft, die ihr fehlte und die ihr die Angst nimmt.

Und unser untreuer Ehemann? Er wird eines Tages einsehen lernen, daß es seine eigene Schwachheit war, die bei seiner Frau und bei seiner Geliebten eine solche Nervosität hervorgerufen und aufrecht erhalten hatte. Er war im Grunde nur ein Kind, das Trost suchte und die Folgen seiner Handlungsweise nicht ermaß. Wenn ein Mann schwach ist, macht er die Frauen um sich herum unruhig. Dieser Ehemann entdeckt, daß sowohl seine Geliebte wie seine Frau imstande sind, den seelischen Schmerz zu ertragen, den er ihnen zufügen muß, sobald er selbst männlichen Mut und feste Entschlossenheit an den Tag legt, um die Angelegenheit in Ordnung zu bringen.

Ein Lebensproblem ist keine Algebragleichung, die man nach allen Richtungen hin umkehren kann, bis unten an der Seite die Lösung erscheint: $x = 25$. Die Lösung eines Lebensproblems hängt immer von einer neuen Bewußtwerdung, von einer Änderung der Haltung, von einem inneren Wachstum der Person ab. Das kann sich mit Hilfe der Psychoanalyse ereignen oder auch, wenn man die Bibel liest. Der Vorgang ist der gleiche. Die unlösbaren Konflikte verschwinden allmählich. Ein Vorgesetzter wird sich nicht mehr fragen müssen, ob er seine Untergebenen mit Strenge behandeln solle, um die Ordnung aufrecht zu erhalten, oder mit Nachsicht, um ihre Initiative anzuregen und sie ihre Erfahrungen machen zu lassen. Er hat ihnen gegenüber eine neue Autorität erworben und hat es nun nicht mehr nötig, entweder mit der Faust auf den Tisch zu schlagen, oder hinauszugehen und zu tun, als ob er nichts gesehen hätte.

Zuerst sehen wir unsere Probleme in Form einer Alternative. Denn man kann ein Problem nur verstandesmäßig formulieren. Und das Charakteristikum der intellektuellen Ausdrucksweise ist die Alternative: entweder – oder. Entweder kämpfe ich, oder ich gebe nach. Das eine scheint das andere auszuschließen. Der Verstand urteilt über eine Lage, wie wenn sie fest, unbeweglich und unwandelbar wäre. Was dem Verstand entgeht, das ist das Leben, die Bewegung, die Entwicklung der Lebewesen. Diese Vorgänge ändern die Gegebenheiten eines Problems und reißen uns aus dem Syllogismus heraus, der uns gefangen hielt. Dann sind Sich-Durchsetzen und Nachgeben nicht mehr zwei entgegengesetzte Dinge; man kann gleichzeitig kämpfen und nachgeben, wenn ich so sagen darf, oder besser gesagt, man braucht weder zu kämpfen noch nachzugeben in der Weise, wie man es sich vorher vorstellte.

Ebenso wie meine Klienten mir in der Sprechstunde ihre Konflikte darlegen, ebenso richten wir alle dringliche Fragen an Gott, gerade wenn wir uns in der Stille sammeln, um seine Inspiration zu suchen. Wir bestürmen ihn, den Streit zu entscheiden und möchten ihn nötigen, uns zu antworten. Und er schweigt! Wir merken nicht, daß wir, wenn wir auf diese Weise Fragen an Gott stellen – auch wenn es ehrfürchtig in der inneren Sammlung geschieht –, dabei den Anspruch erheben, selbst die Andacht lenken zu wollen, anstatt uns von Gott lenken zu lassen.

Nun, während wir an Gott Fragen richten, die ohne Antwort bleiben, stellt er uns immer andere Fragen, auf die wir nicht hören. Ja, Fragen ganz anderer Art, denen wir auszuweichen suchen; denn wir wissen genau, was Gehorsam hier bedeuten würde, was sich in unserm Leben ändern müßte und daß dies von uns abhängt und nicht von den andern. Öffnen wir die Bibel! Hier sehen wir von der ersten bis zur letzten Seite, wie die Menschen Gott mit Fragen bestürmen, die ohne Antwort bleiben. Aber diese Menschen ändern sich und finden unerwartete Lösungen, sobald sie beginnen, auf die Fragen zu hören, die Gott ihnen stellt, und darauf zu antworten. Jesus antwortete nicht auf die verfänglichen Fragen seiner Widersacher; immer stellte er ihnen andere, verwirrende Fragen, die sie dazu bringen sollten, in sich zu gehen.

Das Buch Hiob ist ein eindrückliches Beispiel für das Gesagte. Der durch ungerechtfertigte Leiden schwer geprüfte Hiob schreit zu Gott und bestürmt ihn mit seinen zahllosen «Warum?». Das Buch endet, ohne daß Gott darauf geantwortet hätte. Daher bleibt dieses Problem des ungerechten Leidens ungelöst durch alle Jahrhunderte hindurch, wenn wir es in der Form des Syllogismus stellen, worüber die logischen Geister straucheln: Entweder ist Gott allmächtig, und dann ist er ungerecht, oder er ist gerecht, aber dann ist er nicht allmächtig. Hiob jedoch hatte seine Antwort bekommen, sobald er den Fragen Gottes Gehör schenkte, eine ganz andere Antwort, als er erwartete, nicht intellektueller Art, sondern eine persönliche Gotteserfahrung. Das philosophische Problem des ungerechten Leidens bleibt weiter bestehen, aber die Haltung Hiobs hat sich geändert, weil er Gott begegnet ist. «Ich habe von dir mit den Ohren gehört, aber nun hat mein Auge dich gesehen» (Hiob 42, 5). Immer halten die Menschen Gott ihre Probleme wie eine Herausforderung entgegen, aber sie bekommen selten eine befriedigende Antwort, solange sie in dieser intellektuellen Haltung verharren.

X

Zweierlei Ebenen

Es gibt also zwei verschiedene Ebenen: eine Ebene
der Logik, der Alternativen, all unserer Fragen und
all unserer unlösbaren Probleme, und eine tiefer liegende Ebene der «Person», des Lebens, der persönlichen und lebendigen Begegnung mit Gott und mit
den Menschen. Die Lösung unserer Konflikte geschieht immer auf der tiefer liegenden Ebene. So
wertvoll auch die Vernunft zur Lösung wissenschaftlicher und technischer Probleme ist, so ungeeignet ist
sie zur Lösung der Lebensprobleme.

Weit mehr noch: nicht nur ungeeignet, sondern
gefährlich. Alle logischen Alternativen, alle gedank-
lichen oder seelischen Konflikte bewirken, daß wir in
einer blockierten Stellung festgehalten werden, einer
scheinbar sehr starken, uneinnehmbaren Stellung, die
uns triumphieren läßt und uns erlaubt, die andern
herauszufordern und jeden, der uns einen Rat erteilen möchte, in Verlegenheit zu bringen. Wie gefährlich ist es doch, davon überzeugt zu sein, recht zu
haben! Man versperrt sich den Weg zur Entfaltung
und Weiterentwicklung.

Unsere fruchtbarsten Erfahrungen machen wir hingegen immer, wenn wir unsern intellektuellen Standpunkt aufgeben und tiefer hinuntersteigen auf die
Ebene der «Person», wenn wir die Geheimnisse des

Lebens, die wir bis jetzt noch nicht erfaßt hatten, zu verstehen suchen, wenn wir einwilligen, uns so zu sehen, wie wir in Wahrheit sind, so daß wir unsere wirklichen und viel persönlicheren Probleme erkennen können.

Ich möchte das an einem ganz alltäglichen Beispiel erläutern, am Beispiel der ehelosen Frau. Sie leidet aufs stärkste unter ihrer Ehelosigkeit, sowie unter ihrer Auflehnung dagegen. Soll sie die Ehelosigkeit als von Gott gewollt annehmen und auf ihren so natürlichen Wunsch zu heiraten verzichten, der doch in jeder normalen Frau vorhanden und ein gerechtfertigtes Streben ist, abgesehen von den Frauen, die sich zu einem Leben im Kloster berufen fühlen? Oder muß sie im Gegenteil kämpfen, beten, flehen, in ihrer Auflehnung zum Himmel schreien, ihre Anstrengungen verdoppeln, auf die Gefahr hin, ihre Leiden zu verschlimmern, um dann schließlich den ersten besten Mann zu heiraten, den Rat ihrer Freundinnen befolgend, die ihr immer sagten, sie sei viel zu anspruchsvoll und könne deshalb nicht heiraten. Sie kann abwechslungsweise von einer Haltung zur andern übergehen, ohne je zu wissen, welches die richtige sei; sie kann sich in der Stille sammeln, ohne von Gott eine Antwort zu erhalten. Es wird vielleicht der Tag kommen, an dem sie verstehen wird, daß die beiden Haltungen nicht so gegensätzlich sind, wie sie glaubte; sie wird erkennen, daß es keineswegs bedeutet, auf den Kampf und auf seine gerechten Wünsche zu verzichten, wenn man vor Gott seinen Wünschen entsagt und sein Leben und sein Schicksal ihm übergibt. Ja, der

Kampf ist im Gegenteil viel wirksamer, wenn er von jeder Bitterkeit frei ist.

Eine ähnliche stufenweise Entwicklung finden wir noch in den verschiedensten Fällen. Ich erwähne hier als Beispiel noch jene Eltern, deren Tochter sich in einen Mann verliebte, der den Eltern nicht als Schwiegersohn willkommen war, da sie voraussahen, daß er ihre Tochter unglücklich machen würde. Sollten sie nun untätig zusehen und ihre Tochter sich selbst überlassen, während sie doch ein Leben voller Leiden für sie voraussahen? Sollten sie einen Druck auf sie ausüben kraft ihrer elterlichen Autorität, Drohungen aussprechen auf die Gefahr hin, daß sie sich aus Verzweiflung in die Arme ihres Freundes stürzen würde? Ich hatte keine Antwort. Aber es waren da noch viele andere Fragen, die diese Eltern sich zu stellen hatten. Es kam zu einer tiefen Selbstbesinnung, zu einer strengen Prüfung des Verhältnisses zwischen ihnen und ihrer Tochter durch deren ganze Kindheit und Jugendzeit hindurch. Und siehe da, ein Jahr später schrieben sie mir, daß ihre Tochter jene Beziehungen abgebrochen und sich nun mit einem Mann verheiratet habe, den sie mit Freuden aufnehmen konnten, und daß sie glücklich sei.

So erfordert die Lösung eines Problems immer ein peinliches Hinabsteigen auf eine tiefer liegende Ebene: von der Ebene der Konflikte und Alternativen auf die Ebene der Selbstprüfungen im Lichte Gottes. Dann wird man verstehen, daß ein Dilemma immer ein Zeichen ist, ein Zeichen dafür, daß eine tiefer greifende Entdeckung gemacht, eine neue Ordnung gefunden werden sollte, die die Gegebenheiten des Problems selbst ändert.

Diese neue Ordnung ist das, was das Evangelium das Himmelreich nennt. «Ihr könnt nicht dahin kommen», sagte Jesus, «wenn eure Gerechtigkeit nicht besser ist als die der Schriftgelehrten und Pharisäer.» Die Gerechtigkeit der Schriftgelehrten ist die der Logik, der Kasuistik, der Alternativen, der verfänglichen Fragen und der Dialektik (Matth. 5, 20).

Sich aufrichtig in der Stille sammeln heißt gerade hinabsteigen in dieses tiefere Stockwerk, unter der Führung Gottes. Hier geschieht es, daß wirklich neue Eingebungen über uns kommen, durch die wir von unserer Zwangslage befreit werden, und die unsere Einstellung zu uns selbst, zu den andern und zu Gott umwandelt. Hinter jedem Dilemma verbergen sich Ängste: die Angst, sich durchzusetzen und die Angst nachzugeben; die Angst vor dem Kampf und die Angst vor der Niederlage. Die Liebe ist es, die die Angst austreibt.

Nicht alles ist gelöst: Wir werden uns täglich vor neue Zweifelssituationen gestellt sehen, denen wir ratlos gegenüberstehen, selbst wenn wir aufrichtig nach der göttlichen Inspiration suchen. Aber das kann auch jedesmal die Gelegenheit zu einer tiefgreifenden inneren Erfahrung werden, wodurch sich zwei Ansichten, die wir für unvereinbar hielten, in einer Synthese vereinigen. Wir stellten einandergegenüber: Zweifel und Glauben, Auflehnung und Ergebung, Selbstbehauptung und Entsagung, Kampf und Übergabe.

Das wahre Leben jedoch vereinigt stets in einer

wunderbaren Harmonie Seelenregungen, die wir für gegensätzlich hielten, die aber nur komplementär sind. Der wahrhaft Gläubige ist nicht der, der die Zweifel, die unauslöschlich in seinem Herzen weiter bestehen, vor sich selbst verbirgt: «Ich glaube, Herr, hilf meinem Unglauben!» (Markus 9, 24). Nicht der Mensch ist stark, der die Augen vor seiner eigenen Schwachheit schließt, sondern der, welcher seine Schwachheit kennt. Die Hingabe unseres Lebens an Gott bedeutet höchste Entsagung und zugleich höchste Selbstbejahung.

Ich wählte als Thema für diese Studie das Dilemma: sich durchsetzen oder nachgeben, das sich uns täglich auf tausenderlei Arten stellt. Aber offensichtlich hat diese Unterscheidung, die sich jetzt unserm Geiste aufdrängt, diese Unterscheidung zwischen zwei verschiedenen Ebenen zur Lösung menschlicher Probleme eine ganz universelle Tragweite. Es gibt viele rein wissenschaftliche und technische Probleme, zu deren Lösung die Wissenschaft und Technik genügen. Aber es gibt andere Probleme, die jeder objektiven Lösung widerstehen. Dies sind dann auf der Ebene des verstandesmäßigen Bewußtseins Anzeichen von tieferen, verborgeneren Problemen, die nur auf einer andern Ebene gelöst werden können, der des geistigen und persönlichen Lebens, das heißt der Ebene der «Person»!

Ebenso ist auch die «médecine de la personne» nicht ein Mittel neben andern Mitteln, etwa wie ein kurzes Gebet beispielsweise, das man anstelle von Digitalispräparaten oder eines Elektroschocks anwenden könnte. Sie bedeutet einen Übergang auf eine andere

Ebene, und schließt einen ganz neuen persönlichen Einsatz des Arztes in sich, dank welchem der Patient vielleicht tiefere mit seiner Krankheit zusammenhängende Probleme in sich selbst entdecken und zu einer größeren inneren Reife gelangen wird, einem Wachstum der «Person», wodurch sich sogar die Gegebenheiten seines Gesundheitszustandes ändern werden.

Ebenso können die Kirchen den Menschen in all ihren verschiedenen Berufen und auch den Völkern und der ganzen Welt helfen, indem sie sorgfältig all ihre Probleme studieren und darüber vor Gott meditieren und mit dem Licht seiner Offenbarung hineinleuchten. Noch besser aber können sie der Welt helfen, indem sie ihr das bringen, was ihr fehlt, nämlich diese neue Dimension des Wachstums der «Person», auf deren Ebene sich Schwierigkeiten lösen lassen, die weder Vernunft, noch Wissenschaft, noch Technik beheben konnten.

Es gibt folglich – wie mir scheint – in unserm Suchen nach Verhaltungsregeln drei Stufen: als erste haben wir die Stufe der logischen Überlegung, die alle Probleme als Alternative sieht und sie möglichst weise zu entscheiden sucht, mit Hilfe der Wissenschaft, des sittlichen Bewußtseins, einer klaren Analyse der Lage und der Tiefenpsychologie.

Weiter haben wir dann die Stufe des Suchens nach einer göttlichen Inspiration. Dieses Suchen findet noch auf der Ebene des Dilemmas statt, aber es geht darauf aus, diese Konflikte durch eine Antwort Gottes zu lösen, die entweder durch das objektive Studium der göttlichen Offenbarung und der theologischen Lehre gefunden wird oder aus einer direkten und subjektiven Erleuchtung stammt, die in der stillen Sammlung empfangen wurde. Es ist klar, daß dieses Suchen nur für Gläubige Gültigkeit besitzt.

Die dritte Stufe aber befindet sich auf der andern Ebene, auf der Ebene des Wachstums der «Person», die über alle Zweifelsfragen hinauswächst, auf der Ebene einer Entfaltung des Wesens, dem Plane Gottes gemäß, die zu einer Integration der sich widersprechenden Tendenzen führt, zwischen denen der Mensch hin und her gerissen wurde. Den Übergang auf diese tiefer liegende Ebene nennt die Bibel «metanoia». Eine solche Erfahrung ist nicht nur allein den Gläubigen vorbehalten. Sie hat eine universelle Geltung. Sicher ist sie eine Gnade Gottes. «Aber Gott läßt seine Sonne aufgehen über die Bösen und über die Guten», sagt Jesus (Matth. 5, 45).

Wir Gläubigen hingegen wissen, daß die Sonne und auch der Regen und das Wachstum der Blumen von Gott kommen, gleich wie das Werden der Person und ihre Entfaltung. Wir wissen, daß ihr Ursprung in der Liebe Gottes liegt. Wir können den Menschen helfen, jene Erfahrung zu machen, selbst wenn sie Gott nicht kennen, und vielleicht wird es dann auch geschehen, daß sie dadurch zum Erlebnis einer persönlichen Begegnung mit Gott gelangen, der der Urheber und das Ziel aller Dinge ist.

Die Lebensbücher von Dr. Paul Tournier

*

Zehn Bücher über Lebensfragen

*

Zum Lesen und zum Schenken

Was Paul Tourniers Bücher vor vielen andern auszeichnet, ist einerseits die Lebendigkeit des Vortrags, die Klarheit der Sprache, die Prägnanz der Formulierung, anderseits die große Güte und menschliche Nähe des wahren Helfers.

BERNER ZEITUNG

Alles Persönliche ist, wenn nicht bedeutend, so doch einmalig: Die Bücher von Paul Tournier sind in diesem Sinne beides. Und darauf beruht ihre Tiefenwirkung.

BASLER ZEITUNG

Die besondere Einfühlungsgabe in die grundlegenden Zusammenhänge und Ursachen, die Vertiefung in die psychologischen Fragenkomplexe ist außergewöhnlich. Und dennoch ist die Art der Darstellung auch für den Nichtfachmann leicht verständlich.

WOHLFAHRTSPFLEGE STUTTGART

Leben – das große Abenteuer

Erfolg und Mißerfolg im Menschenleben

Ein Buch für alle, die das Leben besser verstehen wollen (DIE TAT, ZÜRICH). Eine Quelle der Besinnung über entscheidende Lebensfragen (BASLER ZEITUNG). Aufrüttelnd und befruchtend ist die Lektüre dieses Meisterwerks (EVANG. SCHULBLATT, ZÜRICH).

Das menschliche Dasein mit seinen Problemen, die stets nach Entscheidung und Lösung drängen, fordert täglich zum Sprung ins Abenteuer, zum persönlichen Einsatz heraus, der zur Bewältigung des Alltags und seiner Sinnerfülung unumgänglich wird. Dieses handelnde Tun schließt freilich sowohl Erfolge als auch Mißerfolge ein. Eindrucksvoll beschreibt Tournier den Weg über die Freude an Erfolgen und die Werterkenntnis aus Niederlagen – hin zur inneren Sammlung des Menschen, Schritt für Schritt zur sinnvollen Erfüllung seines Daseins (STUTTGARTER NACHRICHTEN).

Mensch sein ohne Maske

Vom falschen Ich zum wahren Selbst

Wer steht mir gegenüber? Und wer bin ich selbst? – Wir wüßten keinen Autor, dem es im gleichen Maße gelungen wäre, diese Fragen so souverän und umfassend zu beantworten wie Tournier in diesem Buch (SCHLESWIGER NACHRICHTEN). Es beschäftigt sich vor allem mit der Entfremdung des modernen Menschen sich selbst und seinen Mitmenschen gegenüber. Die meisten Menschen von heute tragen eine Maske, die sich zur besseren sozialen Selbstbehauptung gebildet hat und zwar oft eine reibungslose Anpassung an die Gegebenheiten der Umwelt gestattet, jedoch die wahre und lebendige Person ihres Trägers nur allzuoft verhüllt und verkümmern läßt. Das kann zu Langeweile, zum Gefühl der Inhaltslosigkeit des Daseins, zu seelischer und körperlicher Krankheit, zum Gefühl der Inhaltslosigkeit des Daseins, zu seelischer und körperlicher Krankheit führen (NEUE ZÜRCHER ZEITUNG). Tournier kommt es darauf an, den wirklichen Menschen zu entdecken, ihm zu helfen, sich selber zu finden (DER PRAKTISCHE ARZT). Ich möchte dieses Buch als willkommene Lebenshilfe empfehlen, ein wahres Kleinod auf dem heutigen Büchermarkt! (BERNER SCHULBLATT)

Geborgenheit – Sehnsucht des Menschen

Dieses Buch wird jeden Leser freudig überraschen und wie ein Licht die Einsamkeit vieler erhellen (WIESBADENER TAGBLATT). Wenn ein Psychotherapeut aus seinem Erfahrungsschatz berichtet, entsteht immer ein interessantes Buch (WESTFÄLISCHE RUNDSCHAU). Ein Buch, das uns versteht (VATERLAND, LUZERN) und an vielen lesbaren Beispielen deutlich macht, wie man die feine Kunst, Geborgenheit zu schaffen, erwirbt (WENDEPUNKT, ZÜRICH) Mit großem Einfühlungsvermögen (AUFSTIEG, BERN) behandelt Dr. Tournier die brennenden Fragen des ungeborgenen, bedrohten und entsicherten Menschen unserer Zeit (GLAUBENSBOTE, GIESSEN). Das Wissen um diese Not des Menschen ließ den Autor zur Feder greifen (ESSENER ANZEIGER). Allen, die sich nach Geborgenheit sehnen, kann dieses tiefgründige Buch zur Lektüre wärmstens empfohlen werden (DER ZÜRCHER BAUER).

Echte und falsche Schuldgefühle
Vom schlechten Gewissen zur inneren Freiheit

Fast jeder Mensch hat Schuldgefühle, denn sie stammen nicht nur aus bösen Taten sondern auch aus der unterlassenen guten Tat, aus allem, was man verfehlt hat im Leben: dem Nächsten, der Welt, aber auch sich selbst gegenüber. Jede Verdrängung der Gewissensstimme wirkt sich auf den Charakter, die persönliche Entwicklung und damit auf das Schicksal des Menschen aus. In diesem Buch behandelt Dr. Tournier ein uralt-aktuelles Menschenproblem in umfassender Weise. Ob falsche Schuldgefühle – die u. a. aus dem gegenseitigen Richten und Verurteilen entstehen, zu dem die Menschen neigen – oder echte Schuldgefühle, die der Unterdrückung und Mißachtung der Gewissensstimme folgen: immer verursachen ungelöste Schuldgefühle Leid, seelische Not und Krankheit, verzögern und hemmen sie Heilung und Heil des Menschen, die Erfüllung des Daseins. Aus solchen Konflikten und Nöten führt Dr. Tournier mit seinem Buch: in ein neues Leben wahrer Freiheit. Niemand wird dieses Buch ohne reichen inneren Gewinn lesen (SCHWEIZER FRAUENBLATT).

Erfülltes Alter
Älter werden will gelernt sein

Das Älterwerden stellt uns vor Fragen und Probleme, denen wir nicht ausweichen können, denen wir uns stellen müssen. Immer mehr Menschen erreichen heute ein an Jahren hohes Alter. Doch erfahren viele diese geschenkten Jahre oft nur passiv und konfliktreich: als zunehmende Vereinsamung, Ausschaltung, als Rückschritt und Niedergang, statt daß sie diese Jahre als Reifung und Erfüllung des Lebens erleben und gestalten können. – Ist es nicht so, daß wir uns in jüngeren Jahren für später die Früchte und den Lohn für die Anstrengungen und Mühen des Lebens erhoffen – und uns dann betrogen fühlen, wenn sie uns versagt bleiben? – In diesem Buch, das Dr. Tournier aus der Höhe des eigenen Alters schrieb, wird keine Frage, kein Problem des reifenden und älteren Menschen ohne Antwort und Wegweisung gelassen. Wie in allen seinen Büchern führt uns Dr. Tournier auch hier zu umfassender Einsicht in die Lebensprobleme und ihre Lösung (DER LEBENS-BERATER, BERN).

Bibel und Medizin
Heilung und Heil aus biblischer Schau

In diesem grundlegenden Buch verkündet uns Dr. Tournier eine wahrhaft menschliche, Leib, Seele und Geist umfassende Medizin, ein am biblischen Menschenverständnis orientiertes Arzttum. Leben, Tod, Krankheit, Heilung werden nach ihrem Sinn gefragt. Die Antworten, die Dr. Tournier mit uns findet, zeigen, daß Bibel und Medizin, Religion und Wissenschaft keine Gegensätze sein müssen, sondern daß sie im harmonischen Zusammenklang dem Menschen und seinem Leben Sinn, Ziel, Heilung und Vollendung bringen (DER LEBENSBERATER, BERN). Anregung und Erbauung in Fülle bietet dieses warmherzige, wahrhaft seelsorgerische Buch (DER BUND, BERN). Es weist uns Wege, den Sinn des Lebens und des Arztseins in seiner ganzen Weite und Tiefe zu erkennen (MÜNCHNER MEDIZ. WOCHENSCHRIFT). Wir wünschen diesem wohltuenden Buch eines christlichen Arztes viele aufmerksame Leserinnen und Leser! (NEUE ZÜRCHER ZEITUNG)

Sich durchsetzen oder nachgeben?
Die Frage, die sich jedem täglich stellt

In ungezählten Situationen sehen wir uns tagtäglich dieser Frage gegenübergestellt. Dr. Tournier untersucht und erklärt mit großer psychologischer Menschenkenntnis die verschiedenen Möglichkeiten, Gründe und Hintergründe unseres Verhaltens anhand von vielen, dem täglichen Leben entnommenen Beispielen (ZENTRALBLATT FÜR KRANKENPFLEGE, KULMBACH). Je mehr uns solche Bedingungen unseres Verhaltens bewußt werden, desto eher können wir eingefahrene Fehlhaltungen überwinden und frei und situationsgerecht handeln (HESSISCHE LEHRERZEITUNG). Erst wenn man nach genauer Selbstprüfung über das Dilemma hinauswächst, ergeben sich vom Herzen her Lösungsmöglichkeiten, die vorher außerhalb des Blickfelds lagen (GENERALANZEIGER, BONN).

Mehr Verständnis in der Ehe
Von den Bedingungen echter Partnerschaft

Dieses Buch verdient ein großes Kompliment: Was Dr. Tournier hier an philosophischen und psychologischen Tatsachen verarbeitet, ist keine rührselige Schaumschlägerei, sondern praktikables Wissen. Hier schreibt ein Arzt, der Verantwortung in sich spürt (SOLINGER TAGEBLATT). Das Gute an diesem Buch ist die unkomplizierte, schlichte Schilderung der Verhältnisse. Man erkennt sich wieder, weiß sich verstanden und ist bereit, die Ratschläge anzunehmen (OLDENBURGER SONNTAGSBLATT).

Jeder hütet sein Geheimnis
Vom Werden des Ich und von der Zuwendung zum Du

Was der berühmte Schweizer Psychologe, Pädagoge und Seelenarzt in diesem Bändchen vom allerpersönlichsten Bereich und dem Recht jedes Menschen auf «sein Geheimnis» sagt, ist höchster Beachtung wert und immer aufs neue aktuell (SONNTAGSBLATT, STUTTGART). Mit der Zurückhaltung einer Erfahrung gegenüber der Mitwelt beginnt das Werden der Person, das heißt: die Bildung einer bewußten Individualität. Das werdende Individuum aber erreicht die zweite Stufe, indem es «sein Geheimnis» einem von ihm frei gewählten «Du» mitteilt – etwa in der Freundschaft oder in der Ehe. Und das dabei empfundene Glück der Aufhebung einer selbstgeschaffenen Schranke gelangt dann auf der dritten Stufe zur Vollendung: der Stufe des «Gesprächs mit Gott», das uns erneut unseres Andersseins innewerden und gerade dadurch zur letzten Reife emporsteigen läßt (VOLKSSTIMME, ST. GALLEN).

Geschenke und ihr Sinn
Vom Schenken und Annehmen – vom Geben und Hingeben

In humorvollem, mit zahlreichen Bonmots gewürztem Plauderton entwickelt der Verfasser in diesem Buch eine kleine Philosophie des Schenkens (AACHENER NACHRICHTEN). Man wird zu einer neuen Art zu schenken und beschenkt zu werden, angeleitet. Oft wird der Leser still für sich zustimmen, oft hilfreiche Entdeckungen machen (EVANG. SONNTAGSBLATT, KASSEL). So wird das Buch selbst zu einem Geschenk für jeden Leser (SCHLESWIGER NACHRICHTEN).

Drei Perlen der Weisheit

Erwacht Ihr Kinder des Lichts
Meditationen zur Selbstverwirklichung

«Ein höheres Bewußtsein, dem Helfen der Welt geweiht, hat diese Wegweisungen gegeben: wir haben sie nur übermittelt. Wenn sie nicht nur gelesen, sondern nachgelebt werden, dann werden sie den suchenden Wanderer der Heimat im ewigen Licht entgegenführen.» (Die Herausgeber H. und C.V. van Vliet)

Licht auf den Weg
Meditationen über Leben und Karma
von Mabel Collins

«Wohl manchem gilt ein Edelstein für eitel Glas, das anspruchsvoll geschliffen: doch wer sinnvoll seinen Blick versenkt in seiner Tiefe Fernen, dem mag sich eine große Welt erschließen...»

Der Geist der Ungeborenen
Meditationen über den kommenden Menschen –
gewidmet den Eltern der neuen Menschheit.
Herausgegeben von H. und C.J. van Vliet

Je DM/FR. 9,80 · Vereinigt in einer Kassette DM/Fr. 30,–

3 Perlen der Weisheit im Humata Verlag

CH-3006 Bern   D-6380 Bad Homburg v.d.H.   A-5020 Salzburg
Fach 74   Postfach 1645   Bergstrasse 16

Über jede Buchhandlung / Preisänderungen vorbehalten

EBBA WAERLAND

Heilung und Lebenskraft aus dem Geist
I Die geistigen Wirklichkeiten
II Zu den Quellen des Lebens
III Kraft und Trost in einsamen Stunden

Der Mensch ist eine Einheit von Körper, Seele und Geist. Groß
sind die Einflüsse von Seele und Geist auf Gesundheit und Krankheit des Menschen. Auch die Wissenschaft hat begonnen, sich mit
der Frage zu befassen, welchen Einfluß die Lebenseinstellung und
die durch sie hervorgerufenen Gemütsverfassungen und Reaktionen auf unser Wohlbefinden und Lebensglück haben. So wie sie
uns schädigen und schwächen können, gibt uns eine positive
Lebenseinstellung fast unerschöpfliche Zuschüsse an Heil- und
Lebenskraft. Jeder erfährt im täglichen Leben, was eine positive
Gemütsverfassung für unser Wohlergehen bedeutet, wie Freude
und Zuversicht uns Kraft geben und uns über Schweres tragen.
Ebenso wie negative Gedanken und Empfindungen uns schaden,
müde, krank und widerstandslos machen. Und einige werden
erfahren haben, was uns der Kontakt mit den geistigen Lebens-
strömen bedeuten kann, wenn wir mit eigener Kraft nicht weiter-
kommen. Diese Erfahrungen gilt es auch bei der Überwindung von
Krankheiten nutzbar zu machen. Je mehr der Kranke sich den
inneren Kraftquellen öffnet, desto andauernder und durchgrei-
fender wird die Heilung, die er erleben darf. – Diese Wahrheiten
hat Ebba Waerland am eigenen Leibe erlebt. Aus schwersten
Leiden hat sie sich befreit und wurde selbst zur großen Heilerin.
Ihre Erfahrungen sind in diesem Buch niedergelegt.

DM/Fr. 20,– / Preisänderung vorbehalten

Humata Verlag Harold S. Blume

CH-3006 Bern	D-6380 Bad Homburg v.d.H.	A-5020 Salzburg
Fach 74	Postfach 1645	Bergstrasse 16